SYLVIE HINDERBERGER
GRÜNE SOUPIES

GOLDMANN
Lesen erleben

SYLVIE HINDERBERGER

GRÜNE SOUPIES

WARME SMOOTHIES FÜR LEIB & SEELE

GOLDMANN

Die in diesem Buch vorgestellten Informationen und Empfehlungen wurden nach bestem Wissen und Gewissen erstellt und mit größtmöglicher Sorgfalt geprüft. Dennoch übernehmen die Autorin und der Verlag keinerlei Haftung.

Der Verlag weist ausdrücklich darauf hin, dass im Text enthaltene externe Links vom Verlag nur bis zum Zeitpunkt der Buchveröffentlichung eingesehen werden konnten. Auf spätere Veränderungen hat der Verlag keinerlei Einfluss. Eine Haftung des Verlags ist daher ausgeschlossen.

Verlagsgruppe Random House FSC®-N001967.

1. Auflage
Originalausgabe
Copyright © 2016 Goldmann Verlag, München,
in der Verlagsgruppe Random House GmbH,
Neumarkter Str. 28, 81673 München
Umschlaggestaltung: Uno Werbeagentur, München
Umschlagmotiv vorne: Getty Images / Westend 61
Rezeptfotos: Andreas Hantschke (Fotograf) / Rudolf Vornehm (Foodstylist)
Illustrationen: Sylvie Hinderberger
Lektorat: Ralf Lay, Mönchengladbach
SSt · Herstellung: cb
Satz: Satzwerk Huber, Germering
Druck und Bindung: Print Consult, München
Printed in Slovak Republic
ISBN: 978-3-442-22165-3
www.goldmann-verlag.de

Für Albert, Louise und Christopher
Danke fürs Immer-wieder-Probieren und Auslöffeln

Inhalt

Her mit den Soupies

Es gibt so viele Arten Gemüse. Und noch viel mehr Arten, es zuzubereiten. Eigentlich dürfte es nicht schwer sein, genug davon zu
essen. Ist es aber scheinbar doch. Deshalb gibt es Soupies. Sie sind
der Easy Way zu mehr gesunden Vitalstoffen. Fast so schnell gemacht wie Smoothies. Dazu aber noch warm und besser gewürzt.
Und viel abwechslungsreicher.

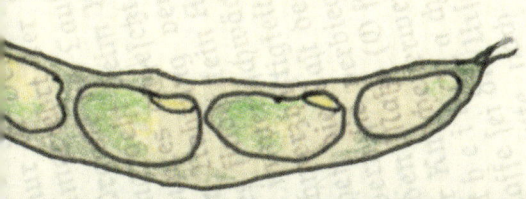

Neues aus der Gemüseküche

Sosehr (und so gerne) sich Ernährungswissenschaftler auch widersprechen, was eine ausgewogene Ernährung genau ausmacht, in einer Hinsicht sind sie sich doch einig: Gemüse ist wichtig! Denn in ihm stecken reichlich Vitamine, Mineral- und sekundäre Pflanzenstoffe – und die braucht der Körper unbedingt. Am besten täglich.

Gemüse ist gut für die Gesundheit und die Figur

Dass die in Gemüse enthaltenen Vitalstoffe das Immunsystem stärken und so vor Erkältungskrankheiten & Co. schützen, ist weithin bekannt. Genauso unterstützen sie aber auch den Zellaufbau, die Bildung von Blutkörperchen und das Wachstum von Knochen und Zähnen. Die Ballaststoffe im Gemüse kurbeln die Verdauung an und beugen so Verstopfung vor. All das macht sich nicht nur im allgemeinen Wohlbefinden bemerkbar. Wissenschaftliche Studien zeigen auch immer wieder, dass eine gemüsereiche Ernährung das Risiko für chronische Krankheiten deutlich reduziert. Das gilt vor allem für Herz-Kreislauf-Erkrankungen sowie Diabetes, aber auch für manche Krebsarten.

Keine Pille dieser Welt kann da mithalten, so gern die Hersteller von Nahrungsergänzungsmitteln auch behaupten, dass »echtes« Gemüse nicht mit ihren Produkten konkurrieren könne, weil ihr Vitamin- und Vitalstoffgehalt in den vergangenen Jahrzehnten deutlich abgenommen habe. Untersuchungen der Deutschen Gesellschaft für Ernährung, kurz DGE, zeigen jedoch, dass die Werte sich kaum verändert haben. Frisches Gemüse enthält auch heute alle wichtigen Inhaltsstoffe in ausreichenden Mengen. Mehr noch: Es ist gerade das Zusammenspiel der unterschiedlichen Vitamine und Vitalstoffe im Frischgemüse, das uns fit und gesund hält. Vor allem wenn man zu denjenigen Sorten greift, die gerade Saison haben. Denn deren Vitamin- und Vitalstoffgehalt ist besonders hoch. Isolierte Wirkstoffe sehen dagegen ziemlich blass aus.

Gemüse ist aber nicht nur der Toplieferant für gesunde Mikronährstoffe. Es ist auch arm an Fett und enthält dafür meist viel Wasser. Aufgrund seiner hohen Nährstoffdichte – das bedeutet, es hat im Verhältnis zu seinem Volumen einen äußerst geringen Energiegehalt und somit wenig Kalorien – dürfte man Gemüse ohne schlechtes Gewissen in rauen Mengen genießen. Es macht nicht dick, vorausgesetzt, man frittiert es nicht jeden Tag in Bierteig oder isst dazu einen kalorienhaltigen Mayonnaise-Dip. Abgesehen davon muss man aber gar nicht so viel Gemüse essen, weil es verhältnismäßig gut sättigt.

Dazu kommt: Wer den Gemüseanteil in seiner Ernährung erhöht, reduziert dadurch sozusagen automatisch den Anteil an anderen Lebensmitteln. Das ist vor allem dann positiv für den Körper, wenn die Ernährung ansonsten aus reichlich tierischen Produkten und einfachen Kohlenhydraten besteht. Denn diese liefern in der Regel nicht nur viele Kalorien. Sie enthalten auch ungesunde Fette, Zucker und Stärke. In ganz besonderem Maße gilt dies für Fertigprodukte. Im ersten Moment mag der Geschmack von Fett, Zucker und Geschmacksstoffen zwar durchaus »Glücksgefühle« beim Essen hervorrufen und das Wohlbefinden steigern. Tatsächlich aber schaden sie der Gesundheit, weil sie massiv in die körpereigenen

Regelkreisläufe eingreifen. Sie beeinflussen unter anderem den Cholesterin- und den Blutzuckerspiegel und stören empfindlich den Hormonhaushalt. Dick machen sie obendrein. Wer mehr Gemüse isst, minimiert also allein dadurch bereits sein persönliches Risiko für Gesundheits- und Gewichtsprobleme.

Schon 400 Gramm genügen

Experten wie die der DGE empfehlen schon länger, am Tag fünf Portionen Obst und Gemüse zu essen – zwei davon Obst, drei Gemüse. Doch das fällt vielen Menschen schwer. Besonders beim Gemüse. Dabei entsprechen die drei Portionen gerade mal einer Menge von etwa 400 Gramm. Oder wenn man keine Küchenwaage dabeihat: drei Handvoll.

In Deutschland essen Jugendliche und Erwachsene allerdings nicht mehr als ein Drittel dieser Menge (Frauen etwas mehr als Männer). Noch dazu schöpfen die wenigsten aus dem Vollen.

Das Lieblingsgemüse der Deutschen sind ganz offensichtlich Tomaten. Von denen isst jeder von uns im Durchschnitt knapp 25 Kilo im Jahr. Allerdings sind hier nicht nur frische, sondern auch verarbeitete Früchte mit eingerechnet, etwa Tomatensauce, -mark oder -saft sowie getrocknete Tomaten.

Weit abgeschlagen landen Möhren und Zwiebeln auf Platz 2 und 3 mit rund 8 Kilo Pro-Kopf-Verbrauch. Gurken bringen es diesbezüglich nicht mal auf 7 Kilo, Kopfsalat auf rund 2½. Alle anderen Gemüse lassen sich unter »ferner liefen« zusammenfassen. Damit kommt der Durchschnittsdeutsche Pi mal Daumen pro Woche auf eine kleine Tomatendose, zwei Zwiebeln, eineinhalb Möhren, eine halbe Gurke und drei bis vier Salatblätter. Und hat damit das Ziel weit verfehlt.

Zugegeben, die Zahlen sind schon ein paar Jahre alt. Aber auch wenn der Gemüseverzehr durch Ernährungstrends wie Vegan und Paleo momentan leicht ansteigt, sind wir von den empfohlenen Mengen nach wie vor weit entfernt. Noch dazu, wenn man bedenkt, dass in Deutschland pro Kopf rund 100 Gramm Obst und Gemüse am Tag im Müll landen. Obwohl sie nicht verdorben sind.

Vitamine aus dem Mixer

Vielen Menschen fällt es ganz offensichtlich schwer, den täglichen Bedarf an Frischkost einfach dadurch zu decken, dass sie genug Obst und Gemüse essen. Dies ist sicher mit ein Grund, warum ein ganz bestimmtes Nahrungsmittel in den vergangenen Jahren immer mehr Anhänger gewonnen hat: der Smoothie. Einfach ein paar Früchte und etwas Gemüse in den Mixer geben, mit Wasser auffüllen und das Ganze ein paarmal durchwirbeln. Wer am Tag 1 Liter dieser Mischung trinkt, hat vier Fünftel seines Frischkostbedarfs gedeckt. So einfach kann gesunde Küche aussehen.

Obst und Gemüse in Flüssigform: Das klingt wirklich extrem praktisch, auch weil man es immer, überall und nebenbei konsumieren kann. Sicher, wer sich ernsthaft mit dem Thema Smoothie auseinandersetzt, weiß, dass man die Drinks nicht einfach runterstürzen sollte. Dass man sie eher als Mahlzeit denn als Getränk betrachten darf. Aber wenn wir mal ehrlich sind, sehen die meisten im Smoothie eben doch nicht viel mehr als den gesunden Bruder des Saftes. Damit jedoch ersetzt er wohl kaum ein anderes, vielleicht ungesünderes Lebensmittel. Sondern kommt einfach noch dazu. Auch kalorienmäßig.

Zudem enthalten viele Smoothies, vor allem die industriell gefertigten, hauptsächlich Obst. Und auch ein selbstgemixter Grüner Smoothie besteht in der Regel zur Hälfte aus süßen Früchten. Schmeckt ja auch viel besser. Kaltes Gemüse, egal ob als Saft oder püriert, ist einfach nicht jedermanns Geschmack. Abgesehen vom obligatorischen Glas Tomatensaft im Flieger fristen Karotten-, Rote-Bete-, Sauerkraut- oder Selleriesaft immer noch eher ein Schattendasein im Supermarktregal.

Natürlich steckt die Mehrzahl der gesunden Inhaltsstoffe aus Gemüse auch in Obst. Aber ein Ranking der gesündesten Obst- und Gemüsesorten US-amerikanischer Wissenschaftler hat Obst eher auf die hinteren Ränge verwiesen. Unter den Top 30 finden sich gerade einmal zwei Obstsorten: die Zitrone auf Rang 28 und die Erdbeere auf Platz 30.

Abgesehen davon kann man von Früchten durchaus zu viel essen. Das liegt an dem in ihnen enthaltenen Fruchtzucker (Fructose). Der Großteil dieses Einfachzuckers wird in der Leber zu Fett abgebaut, sodass ein übermäßiger Konsum weitreichende Folgen für den Fettstoffwechsel haben kann. Untersuchungen zeigen auch, dass Fructose schneller in Körperfett umgewandelt wird als Glucose (Traubenzucker), die der Körper anders verstoffwechselt – und die somit auch schneller dick macht als normaler Haushaltszucker, der immerhin zur Hälfte aus Traubenzucker besteht. Nicht gut, dass zu viel Fruchtzucker auch noch die Hunger- und Sättigungsmechanismen im Organismus aushebelt und so dazu beiträgt, dass man viel mehr isst, als der Körper eigentlich bräuchte. In dieser Hinsicht liegt Gemüse deutlich vorn.

Rohkost vs. Gekochtes

Dass Smoothies so beliebt sind, ist vermutlich auch der Tatsache geschuldet, dass die Deutschen, wenn sie denn schon Gemüse essen, dieses lieber roh zu sich nehmen als gegart. Das zeigt die »Studie zur Gesundheit Erwachsener in Deutschland (DEGS)« des Robert-Koch-Instituts in Berlin. Aber ist Rohkost wirklich so gesund, wie viele meinen?

Klar, unbearbeitetes Gemüse erweckt natürlich den Anschein, sehr ursprünglich zu sein – auch besonders nah an unserer ursprünglichen Ernährung. Schließlich kannten die ersten Menschen kein Feuer. Und wenn sie es kannten, nutzten sie es nicht zur Nahrungszubereitung. Darüber hinaus gilt Rohkost als besonders vitalstoffreich, da einige Mikronährstoffe auf Hitze empfindlich reagieren und daher beim Kochen deutlich schwinden.

Deswegen das Garen komplett zu verteufeln wäre allerdings falsch. Manche Forscher gehen sogar davon aus, dass die Menschheit ohne die Erfindung des Kochens überhaupt nicht dort wäre, wo sie sich heute befindet. Eine reine Rohkosternährung hätte nach ihrer Sicht die Evolution nicht im selben Maße vorangetrieben. So gesehen wäre das Garen von Gemüse genauso »artgerecht«. Sogar sein Name verrät bereits, dass Gemüse schon lange meist gegart verzehrt wurde. »Gemüse« leitet sich nämlich vom althochdeutschen Begriff *mouz* und dem mittelhochdeutschen *maz* ab, die beide einen Brei aus verschiedenen Nutzpflanzen bezeichnen. Genau diese Nutzpflanzen nennen wir heute »Gemüse«. Und überhaupt: Manchmal mag man einfach lieber etwas Warmes.

Zum Glück spricht gar nichts gegen das Garen, sondern – im Gegenteil – einiges sogar dafür. Zum Beispiel dass unser Körper Gemüse danach oftmals leichter verdauen kann. Ganz einfach weil der Magen-Darm-Trakt weniger beansprucht wird, wenn er die Pflanzenfasern weniger aufspalten muss. Beim Smoothie nimmt der Mixer durch das Zerkleinern zwar einiges an »Verdauungsarbeit« ab. Trotzdem ist Rohkost in größeren Mengen schwerer verdaulich. Denn wenn der Darm überfordert ist und mit der Verdauung nicht nachkommt, wird die Nahrung von Bakterien zersetzt. Sie gärt und fault, was wiederum Schmerzen und Blähungen bereitet und auf Dauer das Gleichgewicht der Darmflora zugunsten der schlechten Bakterien verschiebt.

Zu denjenigen Gemüsesorten, die gegart fast immer besser vertragen werden als roh, gehören Kohl mit all seinen Arten, Zwiebeln, Knoblauch und Lauch sowie Paprikaschoten. Einige Gemüsesorten sind roh sogar giftig, wie Bohnen, Auberginen oder Kartoffeln.

Es gibt noch weitere Argumente fürs Garen: So werden zum Beispiel durch das Erhitzen krankheitserregende Mikroorganismen abgetötet beziehungsweise reduziert. Gesundheitlich vielleicht eher zweitrangig, für die Umsetzung des Plans, endlich mehr Gemüse zu essen, trotzdem enorm wichtig: Beim Garen werden Aromen freigesetzt, die den Geschmack positiv beeinflussen.

Und was ist jetzt mit den Vitalstoffen? Sind die wirklich so empfindlich, dass nach dem Garen nichts mehr davon übrig ist? Ganz so kategorisch kann man das, wie ja häufig, wenn es um die richtige Ernährung geht, nicht behaupten.

Einige Vitamine, allen voran Vitamin C, Folsäure und manche B-Vitamine, sind ziemlich hitzeempfindlich. Anderen Vitaminen sowie Mineralstoffen und Spurenelementen macht die Hitze zwar relativ wenig aus. Sie lösen sich aber in Wasser und gehen deshalb verloren, wenn man das Kochwasser einfach in den Abguss schüttet. Genauso werden sie ausgelaugt, wenn man Gemüse, statt es kurz und gründlich zu waschen, einfach eine Zeitlang im Wasser liegen lässt – noch dazu, wenn es davor schon klein geschnitten wurde. Auf der anderen Seite gibt es aber auch Mikronährstoffe, die der Körper deutlich besser aufnehmen kann, wenn das Gemüse gegart ist. Das gilt etwa für Betacarotin, die pflanzliche Vorstufe des Vitamin A, oder den sekundären Pflanzenstoff Riboflavin.

Zu guter Letzt darf man nicht vergessen, dass auch bei Rohkost die enthaltenen Vitalstoffe nicht ewig haltbar sind. Licht und Luft sorgen dafür, dass der Gehalt kontinuierlich abnimmt. Ein Rohkost-Carpaccio aus dem Kohlrabi, der seit drei Tagen in der Küche herumliegt, das jetzt vielleicht auch noch den halben Tag darauf wartet, endlich verzehrt zu werden, hat in puncto Mikronährstoffe nicht mehr zu bieten als ein Eintopf aus frisch gekauftem Gemüse vom Bauernmarkt. Eher weniger.

Die Idee mit den Soupies

Smoothies sind beliebt und außerdem immer noch besser als gar kein Gemüse. Aber gibt es keine Möglichkeit, ihre Vorzüge mit denen der warmen Gemüseküche zu verbinden? Die Idee für dieses Buch war geboren.

Es begann mit der Frage, ob man die Mixtur nicht einfach leicht erhitzen könnte? Klingt gut, schmeckt aber leider gar nicht. Smoothies sollen sogar möglichst kalt getrunken werden – eine Empfehlung, die ganz sicher damit zu tun hat, dass der Geschmack vieler

Mischungen mit jedem Grad, mit dem sich die Temperatur des Drinks der des Zimmers nähert, gewöhnungsbedürftiger wird. Außerdem ist da immer noch die Sache mit dem hohen Obstanteil.

Sicher, man könnte sich ganz einfach eine Gemüsesuppe kochen. Die schmeckt schon. Allerdings wird das Gemüse dafür meist recht lang gekocht, was wiederum den Vitamingehalt minimiert. Außerdem enthalten Gemüsesuppen viel zu oft auch Zutaten, die mit Gemüse weniger oder nichts zu tun haben. Kartoffeln zum Beispiel, Nudeln oder Reis, Sahne oder Crème fraîche. Kohlenhydrate und Fette also, mit denen die meisten von uns ohnehin gut versorgt sind. Oft sogar zu gut.

Irgendwie muss da doch noch mehr gehen. Mehr Gemüse. Mehr Vitalstoffe. Mehr Gesundheit. Tut es auch. Und die Lösung heißt »Grüner Soupie«.

Ein Grüner Soupie vereint das Beste aus Suppe und Smoothie:

- Das Gemüse wird gegart, aber nicht so lang wie üblich. Und da auch hitzeempfindliche Vitamine nicht auf einen Schlag komplett verlorengehen, hält sich der Verlust durch die kurzen Garzeiten in Grenzen.

- Für mehr Aroma nimmt man zum Garen und Mixen statt Wasser wie beim Smoothie Gemüsebrühe. Die kommt aber nicht aus dem Päckchen, sondern wird ebenfalls selbst gekocht – aus reichlich saisonfrischem Gemüse und am besten gleich auf Vorrat. Dann dauert das Soupie-Kochen selbst nur noch wenige Minuten. Das Rezept für so eine selbstgemachte Gemüsebrühe finden Sie auf Seite 154.

- Nach dem Garen wird das Gemüse wie beim Smoothie im Mixer püriert, weil das Zerkleinern die Verdauung zusätzlich entlastet. Außerdem wird der Soupie dadurch schön cremig – weil so viel Gemüse drinsteckt, braucht es dazu nicht einmal Kartoffeln, Crème fraîche, Sahne oder irgendein pflanzliches Ersatzprodukt. Auch das unterscheidet Soupies von »normalen« Suppen und macht sie eher zu einem warmen »Smoothie«.

Und es schont den Magen, den zu viel Fett zu Schwerstarbeit nötigt. Ach ja: Kalorien spart das Ganze natürlich auch noch.

Zum Pürieren genügt übrigens ein einfacher Standmixer, es muss kein Hochleistungsgerät sein wie beim Smoothie. Wobei das natürlich auch verwendet werden kann.

- Wurde alles einmal püriert, kommen noch frische Kräuter oder eine Portion grünes Blattgemüse dazu – für den frischen Geschmack und eine Extraportion Vitalstoffe. Quasi als Ausgleich für das, was beim Garen verlorenging. Gerade Vitamin C lässt sich gut nachträglich wieder zufügen, etwa indem man eine Handvoll Petersilie mit in den Mixer gibt oder mit einem Spritzer frisch gepresstem Zitronensaft beziehungsweise etwas abgeriebener Zitronenschale abschmeckt. Anschließend alles noch einmal kurz durchmixen, fertig.
- Ganz zum Schluss gibt man noch ein tolles Topping obendrauf. Aus hauchdünn als Würfel, Scheiben oder »Spaghetti« (mit dem Spiralschneider) geschnittenem rohen Gemüse, frisch gehackten Kräutern oder Blattgemüsen, knackigen Nüssen oder Samen oder kaltgepresstem Öl.

Ja, man könnte am Ende auch noch einen Löffel Hafersahne oder einen Klecks Crème fraîche oder Ziegenfrischkäse unterrühren. Man kann auch ein paar geröstete Knoblauch-Croûtons auf den

Soupie streuen oder einen Löffel gekochten Grünkern oder Quinoa – aber man muss es nicht tun. Soupies sind eine vollwertige Mahlzeit und machen auch ganz pur satt. Weil so viel Gemüse drinsteckt. Wer trotzdem variieren will: Verschiedene »grüne« Toppings und Ideen zum Würzen finden Sie ab Seite 158.

Viele Trends in einem

Also Smoothies vs. Soupies? So sollten Sie es nicht sehen. Die Mischung macht es, wobei Rohkost immer noch ein Drittel bis zur Hälfte ausmachen kann. Den meisten wird zum Beispiel morgens ein klassischer Frucht-Smoothie besser schmecken als ein herzhafter Soupie, auch weil man für seine Zubereitung noch weniger Zeit braucht. Das ist für viele gerade in der Früh ein schlagendes Argument. Mittags oder abends hat man dagegen vielleicht lieber etwas Warmes im Bauch, gerade wenn das Wetter einmal nicht so toll ist, was leider ja häufig vorkommt. Wer dann trotzdem nicht lange am Herd stehen will und erst recht keine Lust auf Fertiggerichte oder den Lieferservice hat, ist mit einem Soupie bestens bedient.

Abgesehen davon sind Soupies viel mehr als »nur« ein »warmer Smoothie«. Sie vereinen ganz viele Ernährungstrends in sich:

- Vegan, weil sie ohne tierische Zutaten auskommen.
- Paleo, weil sie praktisch frei von Kohlenhydraten sind.
- Superfoods, weil nicht nur Exoten für eine Extraportion Gesundheit sorgen, sondern auch sehr viele heimische Produkte wie Brokkoli, Tomate, Rote Bete oder frische (Wild)kräuter.
- Clean Eating, weil alles frisch vom Markt, aus dem Bioladen oder dem Supermarkt kommt und keine Fertigprodukte verwendet werden. Sogar die Brühe für die Soupie-Basis wird aus frischem Gemüse selbst gekocht.
- Soupies sind außerdem gluten- und lactosefrei, weil sie von sich aus cremig werden und weder Getreide oder Mehl noch Milchprodukte als Bindemittel benötigen. Anders als die meisten Smoothies, die oft bis zur Hälfte aus Früchten bestehen (manchmal sogar noch mehr), sind sie zudem auch bei Fructoseunverträglichkeit geeignet – mit Ausnahme weniger Rezepte, bei denen etwa Mango in den Mixer kommt oder frisch gepresster Orangensaft. Hier muss jeder ausprobieren, inwieweit sein Körper auf die relativ geringe Menge Fruchtzucker reagiert. Oder einfach ein anderes Rezept auswählen.

Trotz aller Aktualität: Soupies sind keine neue Ernährungslehre. Sie sind ganz einfach eine Möglichkeit, ein bisschen mehr Gemüse zu essen als bisher. Weil es so vielen Leuten einfach ein bisschen besser schmeckt als roh.

Löffeln statt trinken: noch ein kleiner Pluspunkt

Ein Problem, das schon kurz angerissen wurde: Smoothies werden leider immer noch oft als Getränk wahrgenommen, und das Glas ist entsprechend rasch geleert. Dabei kommt das Einspeicheln der Nahrung zu kurz. Beim Soupie-Löffeln wird die Mahlzeit dagegen automatisch entschleunigt. Durch das langsamere Essen kann sich der Speichel mit der Nahrung vermischen, sodass die in ihm enthaltenen chemischen Stoffe eine Vorverdauung in Gang setzen. Diese wiederum entlastet die eigentliche Verdauung im Magen-Darm-Trakt und macht das Gemüse bekömmlicher.

Aber es geht noch weiter. Auch wenn es paradox klingen mag: Wer sich beim Essen Zeit lässt, wird früher satt. Schnelles Schlingen füllt vielleicht den Magen in Rekordzeit. Aber das bedeutet noch lange nicht, dass auch unsere »Schaltzentrale« etwas davon mitbekommt. Dass unser Gehirn auf die Körpersignale beim Essen reagiert, dauert mindestens 15 Minuten. Bis die maximale Sättigung einsetzt, kann es sogar bis zu einer Stunde brauchen. Es ist eben einfach eine gewisse Zeit nötig, bis das Gehirn die Zeichen des Körpers richtig deutet. Aber erst wenn das Sättigungszentrum im Hypothalamus signalisiert, dass wir genug gegessen haben, werden die körpereignen Hungersignale unterdrückt. Wir sind satt.

Wer zu schnell isst, hat, ehe die Information das Gehirn erreicht, schon viel mehr Nahrung zu sich genommen, als er für die Sättigung tatsächlich benötigen würde. Die Folge sind Magendrücken, Völlegefühl und Unwohlsein, und nicht zuletzt steigt natürlich mit der Zeit auch das Körpergewicht. Gleichzeitig schlucken Schnellesser bei der Nahrungsaufnahme verhältnismäßig viel Luft, die das Völlegefühl noch steigert und dazu führt, dass man nach dem Essen häufiger aufstoßen muss.

Der Seele tut es übrigens auch gut, wenn man sich zum Essen wieder etwas mehr Zeit nimmt und die Nahrungsaufnahme nicht nur als lästiges Übel und Zeitverschwendung ansieht, die uns daran hindert, den Tag immer voller zu packen und alles noch schneller zu erledigen, als wir es ohnehin schon tun.

Jede Soupie-Mahlzeit wird so zu einer Art Mini-Meditation, bei der wir vom Alltagstrubel abschalten und uns ganz auf uns selbst konzentrieren können und auf das, was wir in dem Moment tun. Essen. Schmecken. Genießen. Sich wärmen. Im doppelten Sinne.

Das steckt drin

Klar, die Hauptzutat bei einer Gemüse-suppe ist Gemüse! Die folgenden Sorten eignen sich besonders gut für einen Sou-pie – wobei die Auswahl keinerlei An-spruch auf Vollständigkeit erhebt. Man kann im Grunde wirklich alles verwenden. Außer vielleicht Kartoffeln, denn durch die würde der Soupie zum einen sehr kohlenhydrathaltig, zum anderen kippt das Ganze wieder Richtung klassische Cremesuppe.

Man kann Soupies aus nur einem dieser Gemü-se kochen oder auch mehrere Sorten miteinander kombinieren. Als einfache Faustregeln gelten dabei:

- In den Topf darf, was einem schmeckt.
- Was als klassische Gemüsesuppe mit Stücken funktioniert, kann genauso gut auch püriert werden.
- Auch was als Salat zusammenpasst, harmoniert püriert in der Regel ebenso. Allerdings kann sich das Mengenverhältnis ver-schieben. Klassisches Beispiel: Rucola und Tomate. Zu viel Salat im Soupie macht ihn bitter, daher liegt hier der Schwerpunkt eher auf den Tomaten. Oder Kräuter: Während die im Salat nor-malerweise für den letzten Pfiff sorgen, geben sie im Soupie den Ton an. Langer Rede kurzer Sinn: Ran an die Töpfe, raus mit dem Mixer – und einfach mal ausprobieren.

Grünes Blattgemüse

Wer sich öfter einmal einen Grünen Smoothie macht, weiß, dass dafür hauptsächlich Blattgemüse in den Mixer kommt. Was daran liegt, dass es neben Vitaminen, Mineralstoffen, Spurenelementen, Aminosäuren und anderen sekundären Pflanzenstoffen vor allem sehr viel Chlorophyll enthält. Und das macht nicht nur alles schön grün, sondern soll auch im menschlichen Körper einiges bewirken – unter anderem, weil es beinah so aufgebaut ist wie unser roter Blutfarbstoff und daher den Körper bei dessen Bildung unterstützen soll. Darüber hinaus spricht man dem grünen Pflanzenfarbstoff eine antibakterielle, antioxidative und antikarzinogene Wirkung zu, das heißt, er soll Keime abtöten, zellschädigende freie Radikale abfangen und bestimmte Krebszellen bekämpfen.

Auf all das muss man nicht verzichten, nur weil man mal etwas Warmes essen möchte. Auch in Grüne Soupies kommen vor allem Blattgemüse: als Spinat oder Mangold, als Salat oder Kräuter, als Blattgrün von Gemüse … Es wird kurz mitgegart oder am Schluss noch roh in den Mixer gegeben. Oder beides. Das sorgt für Farbe, Geschmack und jede Menge Vitalstoffe.

Kohl

Zugegeben: Kohl hatte in den letzten Jahrzehnten nicht gerade den besten Ruf. Was sicher vor allem an seinem eigenwilligen Geruch liegt, der sich gern verselbstständigt und daher schnell so manches Treppenhaus durchwabert. Es lässt sich leider tatsächlich nicht leugnen, dass einige Kohlarten deutlich riechen, wenn man sie zu lange kocht. Die Betonung liegt auf »zu«, was beim Soupie schon mal flachfällt. Außerdem gibt es auch Arten, die quasi geruchsneutral sind, wie Brokkoli.

Überhaupt ändern sich die Zeiten und mit ihnen auch das Image, das ein Gemüse hat. Grünkohl zum Beispiel kannte man früher nur in Norddeutschland. Heute isst man ihn sogar in New York, wo er unter der, zugegeben cooleren, Bezeichnung »Kale« gerade zu den am meisten angesagten grünen Superfoods zählt, was vor allem an seinem unglaublichen Vitamin-C-Gehalt liegt: satte 105 Milligramm pro 100 Gramm, was bereits die Tagesdosis eines Erwachsenen an diesem Vitamin deckt. Außerdem ist er reich an Betacarotin und Vitamin K und enthält mehr Kalzium als Kuhmilch.

Seine Verwandten, egal ob Wirsing, Weißkohl, Spitzkohl, Rosenkohl (der übertrifft den »Kale« sogar noch an Vitamin C), Blumenkohl oder Brokkoli, stehen ihm diesbezüglich kaum nach. Sie sind alle supergesund.

Roh allerdings können sie dem Verdauungstrakt ganz schön zusetzen, gegart sind sie wesentlich leichter verdaulich. Zu dumm, werden manche jetzt denken. Wo Kohl doch so reich an Vitamin C und gerade das besonders hitzeempfindlich ist. Aber falsch gedacht. Wissenschaftler haben nämlich herausgefunden, dass im Kohl bestimmte Coenzyme stecken, die das in ihm enthaltene Vitamin C vor Hitze schützen. Gekochter Kohl ist also genauso gesund wie roher. Beste Soupie-Voraussetzungen!

Kräuter

Normalerweise verwendet man Kräuter hierzulande vor allem als Würzmittel und gibt lediglich ein paar gehackte oder zerrupfte Blättchen in den Kochtopf oder streut sie auf das fertige Essen. Bei manchem kommen Kräuter sogar nur im Teebeutel ins Haus. Rein in die Tasse, heißes Wasser drauf, fertig.

Das ist natürlich nicht falsch und schmeckt auch gut. Aber dem kulinarischen und gesundheitlichen Potenzial von Kräutern wird man damit kaum gerecht. Dazu muss man sie schon eher wie ein Blattgemüse verwenden wie bei den Soupies ab Seite 85, für die man sie teilweise sogar gleich händeweise in den Mixer gibt.

Kräuter stecken nämlich bis in die winzigste Blattspitze voller Vitamine, Mineralstoffe und sekundärer Pflanzenstoffe. Sie wirken appetitanregend, bringen die Säfte zum Fließen und kurbeln die Darmperistaltik an – von alldem profitiert die Verdauung. Wegen ihres intensiven Aromas helfen sie, Salz einzusparen, und dadurch wiederum, den Blutdruck und den Kreislauf zu regulieren. Sie feuern den Stoffwechsel an, stärken das Immunsystem und bekämpfen Bakterien. Machen fit und schlank. Und weil sie beim Soupie erst ganz am Schluss in den Mixer kommen, geht von all ihren wertvollen Inhaltsstoffen so gut wie nichts verloren. So lassen sich auch die Vitalstoffverluste beim Kochen prima wieder ausgleichen. Das gilt ganz besonders für Vitamin C, von dem die meisten Kräuter große Mengen enthalten.

Die wandlungsfähigsten Soupie-Kräuter

Basilikum: Der Italo-Klassiker enthält reichlich Betacarotin, Vitamin B$_2$, Vitamin K, Kalzium und Kalium. Seine ätherischen Öle regen die Verdauung an, bekämpfen Appetitlosigkeit, können Kopfschmerzen lindern und sollen angeblich sogar die Libido stärken.

In größeren Mengen schmeckt Basilikum allerdings schnell recht scharf. Man kombiniert es daher am besten mit Nüssen oder Nussölen, die das wieder abmildern.

Thai-Basilikum ist milder, es hat zudem eine Anisnote, schmeckt also leicht nach Lakritze.

Dill: Ist sehr Vitamin-C-haltig, hat wie Anis und Fenchel ein leichtes Lakritzaroma und ist für ein Küchenkraut ungewöhnlich süß. Daher braucht es oft gar nicht viel von ihm. Aber das macht nichts. Auch kleine Mengen regen den Appetit an, fördern die Verdauung und beruhigen den Magen – sogar bei Bauchschmerzen kann er helfen, weil er Krämpfe und Blähungen löst.

Kerbel: Ist reich an Betacarotin, Vitamin C, Magnesium, Kalzium und Eisen. Sein Aroma erinnert an eine Mischung aus Petersilie und Anis oder Fenchel, allerdings geht es beim Trocknen und Einfrieren nahezu vollständig verloren. Weshalb Kerbel auch heute noch ein echtes saisonales Lebensmittel ist, das nur im Frühjahr und Frühsommer erhältlich ist. Am gefragtesten ist er sicher am Donnerstag vor Ostern. Für die Kerbelsuppe. Oder die Neun-Kräuter-Suppe. Oder die Frankfurter Grüne Sauce. Auch die ist ein klassisches Gründonnerstagsessen, und Kerbel ist fester Bestandteil der sieben dafür verwendeten Kräuter. Aus denen kann man übrigens auch einen Kräuter-Soupie mixen. Ganz ohne Ei, Mehlschwitze oder Rahm wie sonst bei der traditionellen Gründonnerstagssuppe.

Koriander: Dieses Kraut lässt sich beinahe so vielseitig einsetzen wie Petersilie (vielleicht nennt man es ja deshalb mancherorts auch »chinesische Petersilie«). Es sorgt dabei aber gleich noch für eine gehörige Portion exotisches Asia-Aroma.

Zugegeben, am Geschmack scheiden sich die Geister. Der eine liebt's, der andere ekelt sich regelrecht davor. Zum Teil soll das sogar erblich bedingt sein. Denn bei manchen Menschen sorgt offensichtlich ein bestimmtes Gen dafür, dass sie das »seifige« Aroma von Koriander besonders intensiv wahrnehmen. Was nicht heißt, dass die Abscheu wie in Stein gemeißelt sein muss. Wer immer wieder probiert, kann seine Meinung durchaus ändern und das frische, säuerlich-scharfe Aroma plötzlich mögen.

Rein gesundheitstechnisch würde er davon profitieren. Denn Koriandergrün gilt nicht nur in Asien als wahres Heilmittel. Es hilft bei Verdauungsbeschwerden und chronischen Entzündungen, wirkt sich positiv auf den Cholesterinspiegel aus und bekämpft bakterielle Infektionen. In der Naturheilkunde wird es sogar zum Entgiften von Schwermetallen eingesetzt. So weit müsste man aber gar nicht ausholen. Hervorzuheben sind vor allem sein hoher Gehalt an Vitamin K, an Kalzium, Kalium, Magnesium, Eisen und Mangan.

Minze: Sie steckt in Kaugummi und Tee, manchmal noch in Schokolade. Ansonsten aber findet man sie in der Küche kaum. Eher noch im Badezimmer in der Zahncreme. Was schade ist. Denn sie sorgt neben frischem Atem auch für frisches Aroma. Zudem ist sie reich an Vitamin B_2, C und K, Kalzium, Kalium und Mangan, beruhigt den Magen und beugt Verdauungsbeschwerden vor.

Weil nicht nur die ätherischen Öle extrahiert werden, wie beim Kaugummi, ist das frische Kraut auch lang nicht so scharf, wie man befürchten könnte. Zudem gibt es unzählige Sorten – von fruchtig über blumig bis herb. Im Supermarkt bekommt man die aber selten, dort gibt es meistens nur eine »Allzwecksorte«. Mehr Auswahl hat man mit etwas Glück am Kräuterstand auf dem Wochenmarkt oder im Internet. Und die größte beim spezialisierten Kräutergärtner. Dann stellt man sich eben ein Töpfchen auf die Fensterbank oder den Balkon – oder gleich mehrere. Das lohnt sich übrigens bei allen Kräutern.

Oregano: Geschmacklich ist Oregano eine Mischung aus Thymian und Majoran, leicht herb und etwas bitter. Kaut man ihn pur, ist er sogar richtig scharf.

Oregano macht Speisen bekömmlicher, hat sich bei Verdauungsbeschwerden bewährt und soll sich positiv auf den Cholesterinspiegel auswirken. Als natürliches Antioxidans enthält er reichlich B-Vitamine sowie Vitamin C, E und K, außerdem Magnesium, Eisen, Kalzium, Mangan und Zink.

Seine winzigen rosa- bis purpurfarbenen Blüten kann man gut auch als Topping auf den Soupie streuen.

Petersilie: Sie ist das »Geht-eigentlich-für-jeden-Soupie-Gewächs«, weil sie vom Geschmack fast immer passt und auch sehr hellem Gemüse wie Blumenkohl beim Pürieren eine schöne Farbe verleiht. Petersilie ist besonders Vitamin-C-reich, enthält außerdem Betacarotin und B-Vitamine. Ihr Kaliumgehalt ist einzigartig: 1000 Milligramm pro 100 Gramm. Deshalb ist Petersilie auch so gut für das Herz, die Blutgefäße und den Blutdruck. Überhaupt gilt Petersilie als echtes Gesundheitselixier, weshalb sie in der Küchenmedizin bei der Behandlung von Allergien bis zu Zellulitis zum Einsatz kommt.

Schnittlauch: Er ist zwar hierzulande eines der beliebtesten Küchenkräuter. Trotzdem kommt er in der Soupie-Küche wegen des starken Zwiebelaromas nicht in Riesenmengen zum Einsatz. Als würziges i-Tüpfelchen aber passt er oft. Gut so, denn er enthält reichlich B-Vitamine, Vitamin C und K, Kalzium und Kalium. Reste lassen sich in Röllchen geschnitten gut einfrieren. Sie bleiben aber auch locker in ein feuchtes Küchentuch gewickelt ein paar Tage im Kühlschrank frisch. Besonders hübsch als Topping: die violetten Blüten.

Wildkräuter: Löwenzahn und andere Wildkräuter werden als Kochzutat immer beliebter, was sicher auch der Abenteuerlust geschuldet ist, wenn man sie selbst sammelt (wozu man allerdings eine gewisse Sachkenntnis benötigt). Und der Tatsache, dass man dabei anders als beim Pilzesuchen eigentlich immer fündig wird. Nur an stark befahrenen Straßen und auf exzessiv frequentierten Hundewiesen sollte man sich besser zurückhalten.

Wildkräuter lassen aber nicht nur die Herzen von Selbstversorgern höherschlagen, sondern auch die aller gesundheitsbewussten Genießer. Ihr Geschmack ist nämlich besonders intensiv, und im Hinblick auf Vitalstoffe stehen sie ihrer kultivierten Verwandtschaft in nichts nach – im Gegenteil. Sie sind sogar extrem reich an Vitaminen und Mineralstoffen und enthalten besonders viele sekundäre Pflanzenstoffe. Was übrigens auch für gekaufte Wildkräuter gilt.

Ein Wildkraut gilt sogar als gesündestes Gemüse überhaupt: die Brunnenkresse. In ihr finden sich die meisten wichtigsten Vitamine und Mineralstoffe – allen voran Betacarotin, Vitamin B_1, B_2, B_6, C, D, E und K sowie Kalium, Kalzium, Eisen, Phosphor und Jod.

Sauerampfer liefert ebenfalls viel Betacarotin, Vitamin B_6 und C sowie Eisen, Kalium, Kalzium und Magnesium. Wegen seines hohen Oxalsäuregehalts sollte er jedoch in Maßen verwendet werden. Aber zu viel davon schmeckt ohnehin nicht. Wie der Name schon vermuten lässt, ist er nämlich wirklich sehr sauer.

Ein anderes »Unkraut« ist Löwenzahn, mit dem vermutlich so mancher Gartenbesitzer sofort Frieden schließen würde, wenn er wüsste, was in ihm steckt: unglaublich viel Vitamin C, noch mehr Betacarotin und mit die höchste Menge an Vitamin K in der ganzen Botanik. Dazu reichlich Kalzium und Kalium sowie viele gesunde Bitterstoffe. Die regen den Appetit an, die Produktion von Gallenblasen- und Magensäften und somit auch die Verdauung. Löwenzahn wirkt harntreibend, blutdrucksenkend und allgemein kräftigend. Er reinigt das Blut und hat eine harmonisierende Wirkung auf den Cholesterinspiegel.

Je älter die Blätter sind, desto mehr Bitterstoffe enthalten sie. Das ist vielleicht supergesund, schmeckt aber irgendwann nicht mehr. Beim Sammeln sollte man daher lieber die jungen Pflänzchen pflücken oder im Gemüsegeschäft den kultivierten Löwenzahn kaufen, der ist auch nicht so bitter.

Nicht sauer, nicht bitter, dafür aber richtig knofelig schmeckt Bärlauch. Deswegen nennt man ihn manchmal auch »wilden Knoblauch«. Er enthält sogar noch deutlich mehr Schwefelverbindungen als dieser und auch mehr Eisen, Magnesium und Mangan. Dazu viel Vitamin C, Kalium und Kalzium.

Wie Knoblauch reinigt Bärlauch den Magen und den Darm, hilft beim Entgiften, bekämpft Bakterien, »putzt« die Blutgefäße und wirkt blutdrucksenkend. Dabei hinterlässt er aber eine weitaus weniger heftige Fahne, was vermutlich am Chlorophyll in seinen Blättern liegt. Ganz geruchlos ist aber auch Bärlauch nicht. Wen das stört, der kaut danach frische Petersilie oder ein paar Blättchen Basilikum. Für noch mehr Chlorophyll und frischen Atem.

Leider wird Bärlauch sofort welk, wenn man ihn lagert. Daher sollte man immer nur so viel kaufen oder pflücken, wie gerade benötigt wird. Und gern auch ein paar Blüten fürs Topping mitnehmen.

Die Natur ist eine riesige Speisekammer. Es gibt unzählige Bücher über essbare Wildpflanzen. Wer darauf Lust hat und viele neue Aromen kennenlernen will, kann bis zum Umfallen »Unkräuter« sammeln: Giersch, Brennnesseln, Vogelmiere, Bibernelle, Schafgarbe … Am besten bucht man vorher eine geführte Kräuterwanderung und lernt von ausgewiesenen Kräuterexperten, die heimischen essbaren Sorten von ungenießbaren und giftigen Doppelgängern zu unterscheiden. Rezepte und Küchentipps gibt es oft inklusive.

Salate

Salat ist das unangefochtene Lieblingsessen aller figurbewussten Menschen. Nicht ganz zu Unrecht. Denn kaum ein Gemüse liefert bei so viel Volumen so wenige Kalorien wie ein Salatkopf. Leider ist das, was in Form von Dressings und Toppings noch so alles dazukommt, nicht ganz so leicht. Dank Croûtons, Schafskäse, Salatmayo und ähnlichen Leckereien können schnell auch mal mehrere 100 Kilokalorien zusammenkommen. Und mehrere heißt hier nicht 400 oder 500 …

Nur mit etwas Essig und Öl aber macht Salat vielen nur halb so viel Spaß. Warum sollte man ihn deshalb nicht auch mal ganz anders auf den Tisch bringen? Zum Beispiel flüssig. Was schon deshalb passt, weil Salat ohnehin größtenteils aus Wasser besteht.

Natürlich stecken auch noch eine Menge Vitalstoffe in ihm. Allerdings nur, wenn er frisch geerntet ist und nicht lange gelagert wurde. Und wenn man auf diejenigen Sorten zurückgreift, die gerade Saison haben. Salat aus dem Gewächshaus enthält nicht nur viel weniger Vitamine, Mineralstoffe und sekundäre Pflanzenstoffe. Er ist auch deutlich mehr nitratbelastet.

Nitrat an sich ist zwar nichts Schlimmes, sondern nur eine natürlich im Boden vorkommende Verbindung von Stickstoff und Sauerstoff – und eine der Voraussetzungen dafür, dass Pflanzen überhaupt wachsen. Nitrat ist aber auch die Vorstufe des gesundheitsgefährdenden Nitrits, das wiederum an der Bildung krebserregender Nitrosamine beteiligt ist.

Freiland- und Biosalate enthalten von Haus aus weniger Nitrat, das auch als

Düngemittel verwendet wird. Im Sommer empfehlen sich daher Sorten wie Kopfsalat, Rucola, Eissalat, Eichblatt oder Romana. Im Winter Endivie, Feldsalat, Chicorée, Radicchio und Portulak.

Weil die Umwandlung von Nitrat in Nitrit unter anderem auch erfolgt, wenn Salat luftdicht verpackt ist, empfiehlt es sich zudem, Köpfe lieber lose zu kaufen.

Spinat und Mangold

Spinat galt ja lange als absoluter Toplieferant für Eisen. Dabei steckt gar nicht so viel von diesem Mineralstoff in ihm – ehrlich gesagt, ist es gerade mal halb so viel wie in Schokolade. Zudem verhindert die reichlich enthaltene Oxalsäure, dass der Körper das Eisen optimal verwerten kann, genauso wie sie auch die Nutzung von Kalzium hemmt. Die Säure bindet nämlich die beiden Mineralstoffe an sich, sodass ein Großteil ungenutzt wieder ausgeschieden wird. Was dagegen hilft? Vitamin C! Es verbessert die Eisenaufnahme. Daher kombiniert man Spinat am besten mit Gemüse wie Brokkoli oder Paprika. Weil die besonders viel Vitamin C enthalten. Oder trinkt einfach ein Glas Orangensaft dazu. Das gilt übrigens auch für alle anderen eisenhaltigen Gemüsesorten.

Gesund ist Spinat aber auch ungeachtet der Eisenwerte. Er enthält zum Beispiel sehr viel Betacarotin. Das ist gut für die Augen, genauso wie Lutein, ein anderes Carotinoid, das reichlich in ihm steckt. Ebenfalls großzügig enthalten: Kalium, Magnesium und Vitamin K.

Mangold, zumindest der grüne, erinnert auf den ersten Blick und beim ersten

Bissen zwar ein bisschen an Spinat, ist aber deutlich würziger. Sein Aroma ist irgendwie erdiger, vor allem das der Blätter.

Neben Stiel- und Rippenmangold mit großen glatten Blättern und breiten, meist weißen Stängeln gibt es Schnitt- oder Blattmangold, dessen Blätter stark gewellt sind. Seine Stiele sind dünn und leuchten in den tollsten Farben. Von Gelb über Grasgrün und Orange bis zu Pink und Dunkelrot. Klar, ein »echter« Grüner Soupie wird es nur mit grünen Sorten. Schmecken aber tun alle. Genauso stehen sie sich im Hinblick auf den Vitalstoffgehalt in nichts nach. Alle Sorten (auch die grünen) sind zum Beispiel reich an Betacarotin, Vitamin B_1 und B_2, an Kalium, Kalzium und Magnesium.

Leider sind sowohl Spinat als auch Mangold oft stark mit Nitrat belastet, vor allem wenn sie aus dem Gewächshaus kommen. Daher sollte man besser zu Freilandware greifen. Beide Gemüse sind außerdem verhältnismäßig reich an Oxalsäure, die in zu hohen Dosen nicht nur die Mineralstoffverwertung einschränkt, sondern auch die Entstehung von Nierengrieß sowie Nierensteinen und andere Erkrankungen begünstigen soll. Beim Kochen geht die Oxalsäure zwar in die Garflüssigkeit über. Weil diese jedoch beim Soupie mitverwendet wird, ist sie aber nicht verschwunden. Wer nicht täglich und über Wochen und Monate nur Spinat- oder Mangold-Soupies isst, braucht trotzdem nichts zu befürchten.

»Bindegemüse«

Wer gern Gemüse ist, wird sich, so unumstritten die positive Wirkung von grünem Blattgemüse auch sein mag, irgendwann dennoch die Frage stellen: Warum sollte man Gemüse nur auf seinen

Chlorophyllgehalt und Blattsorten reduzieren? Wo es doch durch und durch gesund ist? Auch dann, wenn es unter der Erde wächst oder keine essbaren Blätter hat?

Wie gut, dass man beim Soupie-Kochen gemüsetechnisch aus dem Vollen schöpfen darf. Das sollte man sogar unbedingt, weil Blattgemüse allein die Brühe oftmals nicht genug »andicken« würde und sie deshalb gar kein Soupie wäre. Sondern eben nur eine dünne Gemüsebrühe.

Ein bisschen übernimmt das »andere« Gemüse auch die Rolle des Obstes beim Smoothie. Es sorgt für die nötige Konsistenz und mildert die oft herb-würzigen Aromen des Blattgemüses ab. Außerdem wird der Geschmack abwechslungsreicher und vielfältiger. Und mehr Vitalstoffe kommen auch noch dazu. Selbst Wurzel- und Knollengemüse, die in einem Smoothie zusammen mit dem leichter verdaulichen Obst zu Blähungen führen können, sind im Soupie kein Problem. Sie liefern reichlich Vitamine, Mineralstoffe und Spurenelemente, sekundäre Pflanzen- und Ballaststoffe. Oft sogar mehr als Blatt- und Fruchtgemüse. Zudem enthalten sie weniger Wasser als die meisten von diesen und sättigen daher besonders gut. Ein weiteres Plus: Wer in der kalten Jahreszeit wegen der Umweltbelastung auf Gemüse aus weit entfernten Anbaugebieten gern verzichten möchte, für den ist Wurzel- und Knollengemüse eine hervorragende Vitalstoffquelle. Viele heimische Sorten haben gerade im Herbst und Winter Saison, kommen also quasi frisch aus der Erde in die Küche. Wer einen eigenen Garten hat, kann winterharte Sorten sogar bis in den Frühling hinein im Beet belassen und bei Bedarf ernten.

Geeignete »Bindegemüse«

Bohnen: Stangenbohnen enthalten viele Vitalstoffe, unter anderem Betacarotin, B-Vitamine, Vitamin K, Kalium, Kalzium, Magnesium und Zink. Wegen des hohen Eiweißgehalts sättigen sie zudem besonders gut. In Kombination mit einer ordentlichen Portion »Magenkräuter« sind nicht einmal Blähungen zu befürchten. Vorsicht: Bohnen sind roh giftig und müssen daher immer mindestens 5 Minuten garen, je nach Dicke und Alter auch länger.

Dicke Bohnen stehen der dünneren Verwandtschaft in nichts nach. Sie enthalten viel Kalzium und Eisen, Betacarotin, B-Vitamine und sind besonders Vitamin-C-haltig. Allerdings machen sie ein bisschen mehr Arbeit, weil man die zarten Kerne erst einmal aus der dicken Schale pulen muss.

Erbsen: Wie Bohnen sind sie reich an Betacarotin, Vitamin B, C und K, Kalium und Mangan. Vom Geschmack her sind sie noch milder und leicht süßlich. Und wegen der vielen Kräuter sind auch hier Blähungen kein Thema.

Frisch oder TK? Das ist egal. Mengenmäßig muss man bei frischen Erbsen wegen der Schoten allerdings etwa das Doppelte rechnen.

Fenchel: Liefert eine Extraportion Betacarotin und Vitamin C, Magnesium und Kalzium. Das leicht süßliche, anisartige Aroma passt gut zu fruchtigen Rezepten, zum Beispiel mit Salat. Auch hier kann das zarte Grün am Schluss mit in den Mixer oder grob gehackt als Topping auf den Soupie. Es schmeckt ähnlich wie Dill.

Hülsenfrüchte: Wie Bohnen können sie nur im Soupie, nicht aber im Smoothie zum Einsatz kommen, weil sie vor dem Essen gekocht werden müssen. Da sie viele Kohlenhydrate und Eiweiß enthalten, sättigen Hülsenfrüchte gut. Das ist toll bei großem Hunger.

Topfavoriten sind rote und gelbe Linsen, weil bei ihnen das Verhältnis Eiweiß zu Kohlenhydraten eindeutig zugunsten der Proteine ausfällt.

Außerdem sind sie reich an B-Vitaminen und Vitamin E sowie Kalium, Kalzium, Magnesium und Zink. Das gilt zwar für alle Linsen, aber die »bunten« sind zudem in wenigen Minuten gar und müssen außerdem vorher nicht eingeweicht werden.

Bohnenkerne müsste man schon einweichen, was dem Ruck-zuck-Charakter von Soupies irgendwie entgegensteht. Daher verwendet man sie am besten aus der Dose. Ein paar Kerne genügen. Sie werden unter fließendem kalten Wasser kurz abgespült, damit sie das Dosenaroma verlieren, und kommen dann einfach beim Pürieren mit in den Mixer. Das Beste: Wegen der kleinen Mengen sind auch hier keine Blähungen zu befürchten.

Knollensellerie: Den »Leckere-Suppe-Geruch« verdankt der Knollensellerie seinen ätherischen Ölen, außerdem ist er randvoll mit Vitamin B und C, E, Folsäure, Kalium, Kalzium und Eisen. Er bindet sehr viel Flüssigkeit, daher braucht man nicht viel. Wer keine kleine Knolle findet, kann den Rest aber auch gut im Kühlschrank lagern.

Das Grün kann wie beim Staudensellerie mit in den Mixer oder als Topping obendrauf. Wenn die Knolle selbst als Einlage dienen soll, raspelt man sie grob oder würfelt sie fein und mariniert sie unbedingt sofort mit etwas Zitronensaft. Sonst wird sie schnell braun.

Kohlrabi: schmeckt mild und nur leicht kohlig, ist reich an Phosphor, Magnesium, Natrium und Kalium, Betacarotin und B-Vitaminen. In den Blättern steckt sogar noch mehr davon, vor allem in den Herzblättern, also den kleinen Blättchen direkt oben an der Knolle. Sie sind viel zu schade zum Wegwerfen und kommen stattdessen am Schluss mit in den Mixer oder als Topping obendrauf.

Lauch: Schmeckt aromatisch zwiebelig, dabei aber deutlich milder als »gewöhnliche« Zwiebeln. Enthält viele B-Vitamine, Vitamin K, Kalium und Natrium. Seine schwefelhaltigen ätherischen Öle fördern zudem die Verdauung.

Pastinake: Optisch erinnert das typische Wintergemüse an Petersilienwurzeln, geschmacklich liegt es irgendwo zwischen Möhren, Kartoffeln und Sellerie. Das passt gut zu herzhaftem Blattgemüse wie Kohl und zu leicht herben Kräutern wie Petersilie. Reich an B-Vitaminen, Vitamin K, Folsäure und Kalium.

Petersilienwurzel: Früher war sie allenfalls im Suppengemüsebund zu finden, heute macht man aus ihr aromatische Suppen und Pürees. Ihr Geschmack ist etwas intensiver als der der Pastinake. Und süßer. Enthält viel Folsäure und Vitamin E und ist äußerst leicht verdaulich.

Die Blätter der Wurzelpetersilie sind gröber als die der »normalen« Petersilie und schmecken auch intensiver. Man kann sie aber wie diese verwenden. Eventuell nur schmaler schneiden und sparsamer dosieren.

Spargel: Carotin, Vitamin E und K, Kalium, Kalzium, Phosphor … Die Liste der gesunden Inhaltsstoffe ist lang. Und weil man Spargel gut einfrieren kann, ist er eigentlich immer verfügbar. Auch wenn seine Saison selbst eher kurz ist.

Schon wegen der Farbe eignet sich für Soupies vor allem grüner Spargel. Er enthält außerdem deutlich mehr Betacarotin und Vitamin C als sein blasser Vetter. Und Chlorophyll. Praktisch ist er auch. Denn man muss nur die holzigen Enden abschneiden. Das Schälen entfällt.

Staudensellerie: Sorgt für eine Extraportion würziges Gemüsesuppenaroma. Enthält viel Betacarotin, B-Vitamine und Vitamin K, außerdem Kalzium, Eisen und Magnesium. Plus: Das Blattgrün kann man am Schluss wie Kräuter in den Mixer geben. Weil es herrlich frisch schmeckt und superviel Aroma hat.

Topinambur: Auf den ersten Blick würde man diese Pflanze eher im Blumenladen vermuten als im Gemüseregal, denn ihre Blüten sehen aus wie kleine Sonnenblumen. Mit diesen ist Topinambur auch verwandt. Das wirklich Tolle an ihm sind aber eher die unscheinbaren Knollen, die sich wie Kartoffeln hervorragend zum Binden von Suppen und Saucen eignen. Denn sie enthalten reichlich Inulin. Dieser lösliche Ballaststoff quillt nicht nur im Soupie, sondern auch in Magen und Darm auf, wo er gleich noch die gute Darmflora stimuliert.

Weil der Körper die Zuckermoleküle im Inulin nicht richtig verwerten kann, scheidet er sie größtenteils einfach wieder aus. Das heißt: Topinambur macht satt, aber nicht dick. Dazu enthält er viele Mineralstoffe, allen voran Kalium, Magnesium und Kalzium.

Und wie schmeckt die Knolle? Das verrät schon ihr deutscher Name »Erdartischocke«.

Zucchini: Passen, weil sie kaum Eigengeschmack haben, zu vielen anderen Gemüsen und Kräutern und sind damit ein sehr gutes Basisgemüse. Zucchini enthalten reichlich Kalium, Magnesium und Eisen. Sie sind zudem besonders leicht verdaulich.

Buntes S(o)upergemüse

Zugegeben, rein äußerlich betrachtet sind diese Gemüse eher nicht grün. Genau genommen sind sie mit ihrem Knallorange, Feuerwehr- und Purpurrot sogar so etwas wie das »Gegenteil« von Grün. Aber das ist überhaupt kein Grund, als Zutat beim Soupie-Kochen auf sie zu verzichten.

Orangefarbene und rote Gemüsesorten sind zum Beispiel besonders reich an Carotinen und Flavonoiden, die unseren Körper gegen viele Krankheiten stärken. Man vermutet, dass die Pflanzenfarbstoffe den Blutdruck senken, die Durchblutung fördern und so das Risiko für Herz-Kreislauf-Erkrankungen mindern. Sie sollen das Wachstum von Bakterien und Viren hemmen und vor Krebs schützen. Carotine, die

Vorstufe des Vitamin A, sollen zudem altersbedingten Augenkrankheiten vorbeugen.

»Grünzeug« spielt bei den bunten Soupies eher eine untergeordnete Rolle. Bei manchen Gemüsen gibt man die Blätter mit in den Mixer. Bei anderen kommen Kräuter als Topping dazu. Das war's aber auch schon. Wie gesagt: Chlorophyll ist nicht alles. Dafür ist ein bisschen Öl hier besonders wichtig, weil der Körper die fettlöslichen Stoffe sonst nicht verwerten kann.

Kürbis

Wegen der vielen Ballaststoffe macht Kürbis schön satt, liefert dabei aber viel weniger Kohlenhydrate als beispielsweise Kartoffeln. Und damit auch weniger Kalorien. Die Ballaststoffe sorgen ebenso dafür, dass die Suppe schön bindet und sämig wird. Ganz ohne Sahne und andere Hilfsmittel.

Kürbis ist reich an Vitaminen und Mineralstoffen, allen voran Betacarotin, das als natürliches Antioxidans die Zellen vor freien Radikalen schützt, und Kalium, das entwässernd und harntreibend wirkt und gut für die Nerven ist.

Sein milder Eigengeschmack lässt beim Würzen ziemlich viel Spielraum. Von süß über fruchtig bis höllisch scharf ist so gut wie alles möglich. Und alles schmeckt. Gut, dass sich dieses Herbstgemüse schon bei Zimmertemperatur mehrere Wochen lagern lässt. Im Keller noch länger. So kann man mehr ausprobieren.

Möhren

Dass Möhren gut für die Augen sind, weiß vermutlich jeder. Das liegt am Betacarotin, das der Körper in das »Augenvitamin« A umwandelt. Schon eine der orangefarbenen Wurzeln deckt den Tagesbedarf eines Erwachsenen.

Betacarotin stärkt aber nicht nur die Sehkraft, sondern auch die Widerstandsfähigkeit der Haut. In der können sich die Pflanzenfarbstoffe sogar ablagern und so den Teint auf ganz natürliche Weise verschönern. Allerdings muss man dazu täglich schon mehrere Riesenportionen Möhren oder anderes stark betacarotinhaltiges Gemüse essen.

Ein weiteres Plus: In Möhren steckt viel Pektin, ein Ballaststoff, der im Magen aufquillt und schön satt macht.

Dünsten und kurzes Garen bricht die Zellwände und erleichtert es dadurch dem Körper, das Betacarotin zu verwerten. Und weil dieses relativ hitzeunempfindlich ist, geht es dabei auch nicht verloren. Einen Soupie zu löffeln ist also viel besser, als rohe Möhren zu knabbern.

Paprika

Grün, gelb, orange, rot und sogar schwarz-violett: Paprika gibt es in vielen Farben. Am meisten Vitalstoffe enthalten jedoch die roten Schoten. Vor allem sind sie wahre Vitamin-C-Booster und in dieser Kategorie Spitzenreiter unter den Gemüsen – noch vor Kohl.

Vielleicht ist die Schote aufgrund dieses hitzeempfindlichen Vitamins für die meisten Menschen klassische Rohkost. Dabei ist sie in dieser Form gar nicht immer so gut verträglich, weil sie recht schwer verdaulich ist – vor allem die Schale. Man könnte nun einfach die Schale mit einem Sparschäler entfernen. Aber das ist relativ mühsam. Viel einfacher ist es, die Paprika zu kochen, damit sich Magen und Darm leichter tun. Weil sie nicht lang gegart werden muss, hält sich der Vitamin-C-Verlust in Grenzen. Noch dazu, wenn man den hohen Anfangsgehalt bedenkt. Außerdem stecken ja auch noch einige fettlösliche Vitamine im Gemüse, denen die Hitze weniger anhaben kann: Betacarotin, Vitamin E und K. Dazu eigentlich alle wichtigen Mineralstoffe und Spurenelemente.

Rote Bete

Bis vor ein paar Jahren war diese Knolle nicht besonders beliebt und fristete daher eher ein Schattendasein in süßsaurer Essiglake. Zum Glück hat man aber irgendwann doch erkannt, dass Rote Bete eine wahre Wunderknolle ist. Sie hilft unter anderem, die Leistungsfähigkeit zu steigern, kurbelt die Fettverbrennung an, vermag den Blutdruck zu senken und soll vor Herzinfarkt und Krebs schützen.

Heute findet man die dunkelroten Knollen in jedem Supermarkt. Nicht nur bei den Konserven, sondern auch in der Gemüseabteilung. Idealerweise sind sogar noch die Blätter dran. Denn so haben die Knollen das Grün, das nach dem Mixen in den Soupie kommt, gleich huckepack dabei. In den Blättern steckt nämlich ebenfalls eine Menge Kalzium, Magnesium, Betacarotin und Vitamin C. Sie sind also viel zu schade zum Wegwerfen.

Wie Spinat und Mangold ist Rote Bete reich an Oxalsäure. Um den Gesundheitseffekt nicht zunichte zu machen, isst man sie also besser nicht jeden Tag.

Da dieses Gemüse bei der Bearbeitung Verfärbungen und Flecken hinterlassen kann, empfiehlt es sich, entsprechende Schutzmaßnahmen zu ergreifen (siehe das Kapitel »Rote-Bete-Soupies«).

Tomaten

Im Gegensatz zu anderen Nachtschattengewächsen wie Kartoffeln oder Auberginen kann man Tomaten roh essen. Und das tun die meisten Leute gern und reichlich. Tomaten stehen auf der Pro-Kopf-Verbrauch-Liste ganz oben (siehe auch Seite 12). Was möglicherweise daran liegt, dass sie so viele Vitamine und Mineralstoffe enthalten. Noch mehr aber daran, dass man sie gut verarbeiten kann. Zu Nudelsauce zum Beispiel. Oder als Basis für den Pizzabelag. Oder zu Suppe.

»Hey, das macht man aber doch meistens mit Dosentomaten, nicht mit frischen«, werden einige jetzt einwenden. Stimmt auch. Macht aber nichts. Weil es genauso gesund ist. Ein sekundärer Pflanzenstoff ist in Dosentomaten sogar in besonderem Maße enthalten: Lycopin, das der Frucht ihre schöne knallrote Farbe verleiht. Dosentomaten enthalten von diesem Radikalenfänger, der sogar vor Krebs schützen soll, mehr als das Doppelte als reife (!) Rohware. Das übertrumpft nur noch Tomatenmark mit 62 Milligramm pro 100 Gramm.

Was sonst noch so reinkommt

Außer Gemüse, Kräutern und Brühe gehören in einen Soupie noch folgende Zutaten.

Gewürze

Ist man es nicht gewohnt, viel Gemüse zu essen, kann der Bauch schon mal rebellieren. Selbst wenn es vorher kurz gegart wurde. Gewürze unterstützen den Magen bei der Verdauung, entlasten den Darm und beugen so Völlegefühl und Blähungen vor. Daher gehören sie genauso zum Soupie wie das Gemüse selbst. Ganz abgesehen vom Geschmack.

Gewürze, die sich besonders vielseitig einsetzen lassen

Anis: Ist eines der klassischen Magen-Darm-Gewürze. Er wirkt aber auch generell krampflösend und entspannend.

Chili: Was die Schoten so scharf macht, ist das in ihnen enthaltene Capsaicin. Das heizt richtig ein, wärmt von innen, bringt den Stoffwechsel auf Trab und hilft so auch bei der Verdauung. In etwas geringerem Maße gilt dies ebenfalls für Cayennepfeffer und Paprikapulver.

Ingwer: Die Wirkstoffe dieser wunderbaren Wurzel bringen den Kreislauf und die Durchblutung in Schwung und wirken dabei entspannend und wärmend. Ingwer stärkt den nervösen Magen und hat sich auch bei Übelkeit bewährt.

Koriander: Die kugelrunden Samenkörner wirken appetitanregend und verdauungsfördernd, lindern leichte Krämpfe im Magen-Darm-Bereich und helfen bei Völlegefühl und Blähungen, denen sie auch vorbeugen. Werden sie nicht mitgegart, röstet man die Samen am besten kurz ohne Fett an. Dann entfalten sich die ätherischen Öle besser.

Kümmel: Ist ebenfalls ein sanfter »Bauch-Klassiker«, weil er die Magen- und Gallensaftproduktion fördert und außerdem krampflösend und beruhigend wirkt.

Dasselbe gilt auch für den intensiver schmeckenden Kreuzkümmel (Cumin), der gut zu asiatischen oder arabisch inspirierten Soupie-Rezepten passt, auch in Kombination mit anderen »Exoten«.

Kurkuma: Seine knallgelbe Farbe versetzt einen selbst beim grausten Novemberwetter ein bisschen in Sommerlaune. Vor allem aber wirkt Kurkuma verdauungsfördernd, weil es die Produktion von Gallensäften ankurbelt. Und das wiederum beugt unter anderem Völlegefühl und Blähungen vor. Wissenschaftler forschen zudem über seine Wirksamkeit gegen Krebs und Alzheimer. Besonders gut kann der Körper die Wirkstoffe übrigens aufnehmen, wenn man Kurkuma mit schwarzem Pfeffer kombiniert.

Meerrettich: Trotz seiner Schärfe entlastet Meerrettich den Magen, lindert Bauchweh und hilft bei Verdauungsbeschwerden. Gleichzeitig hemmt er Bakterien und Pilze – auch das liegt an den scharfen Senfölen. Die unscheinbare Wurzel ist reich an Vitamin B_1, B_2, B_6 und C sowie an Kalium, Kalzium, Eisen und Magnesium. Daher sollte man ihn am besten immer frisch reiben. Fertigprodukte enthalten zu viele andere Zutaten. Aber wenn schon Glas, dann Bio und ohne Sahne.

Muskatnuss: Frisch gerieben wirkt sie beinah wie ein natürliches Amphetamin, was am Myristicin liegt, das im Körper stimmungsaufhellend wirkt. Zu viel davon kann aber auch genau das Gegenteil bewirken und dann Kopfweh, Schwindel und Übelkeit verursachen. Allerdings sind dazu schon recht große Mengen nötig. Beim Kochen tendiert die Gefahr daher gegen null.

Nelken: Auch ihre ätherischen Öle wirken appetitanregend und verdauungsfördernd. Darüber hinaus unterstützen sie die körpereigenen Abwehrkräfte, weil sie Bakterien und Viren bekämpfen.

Pfeffer: Der Wunderstoff im Pfeffer heißt Piparin. Er regt die Verdauung und Fettverbrennung an, löst Verstopfung, bekämpft Bakterien, hilft aber auch bei Verspannungen und Erkältung und angeblich sogar gegen sexuelle Unlust. Egal ob schwarz, weiß, rot oder grün: Alle Sorten stammen von der gleichen Pflanze und werden nur zu verschiedenen Zeiten geerntet beziehungsweise unterschiedlich verarbeitet. Eine Ausnahme macht der rosa Pfeffer, die Frucht des Brasilianischen Pfefferbaums, die in bunten Mischungen meist den seltenen echten roten Pfeffer ersetzt.

Piment: Schmeckt ein bisschen wie Pfeffer, aber weniger scharf und mit einem Hauch von Muskat und Zimt. Wirkt verdauungsfördernd und lindert Blähungen.

Zimt: Allein der Geruch macht gute Laune. Was nicht nur daran liegt, dass er an Milchreis erinnert, ein Lieblingsgericht aus Kindertagen. Tatsächlich enthält dieses Gewürz Wirkstoffe, die gleichzeitig anregend und beruhigend wirken, kurz die Stimmung heben. Als wäre das noch nicht genug, hilft Zimt auch noch, den Blutzucker zu stabilisieren. Wichtig: Ceylon-Zimt enthält im Gegensatz zum günstigeren Cassia-Zimt deutlich weniger Cumarin. Weil dieser sekundäre Pflanzenstoff die Leber stark belastet, lohnt der Aufpreis.

Trotz der vielen positiven Wirkstoffe in Gewürzen sollte man beim Kochen nicht dem Optimierungswahn verfallen. Zwar mag viel manchmal vielleicht tatsächlich viel helfen. Das muss aber nicht sein, wie die Muskatnuss zeigt. Außerdem schmeckt es irgendwann nicht mehr. Zum Beispiel wenn es so scharf wird, dass man lieber gar nicht mehr probiert. Auch passen nicht alle Gewürze zusammen, selbst wenn sie einzeln zu den absoluten Geschmacksfavoriten zählen. Bei der Dosierung ist daher ebenso Fingerspitzengefühl gefragt wie bei der Kombination. Also lieber erst wenig dazugeben, probieren und bei Bedarf noch ein bisschen nachwürzen. So viel Zeit muss sein.

Bei bereits gemahlenen Gewürzen verpufft das Aroma übrigens relativ rasch, einfach weil die Oberfläche viel größer ist und die Inhaltsstoffe sich so schneller verflüchtigen. Ganze Körner und Samen dagegen halten luftdicht verschlossen und möglichst dunkel gelagert beinah ewig. Bei Bedarf zerstößt man einfach ein paar davon im Mörser. Meistens macht schon der Duft dabei glücklich. Augen schließen und tief einatmen. Noch so eine kurze Küchenmeditation …

Öle

Fett hat unter den Nährwerten irgendwie den Schwarzen Peter gezogen. Obwohl so ziemlich jeder gern Dinge isst, die nur so davon triefen, mag es keiner richtig leiden. Es gilt als ungesund und schlecht für die Figur. Dabei ist genau das Gegenteil der Fall. Fett ist extrem wichtig für den Körper und seine Gesundheit. Nicht einmal dick macht es automatisch, weshalb sogar die »Fett-Diät« wieder im Kommen ist.

Man muss ja nicht gleich dogmatisch werden. Tatsache aber ist, dass unser Körper Fett braucht, um gesund und leistungsfähig zu bleiben. Nicht in Riesenmengen, doch eben auch nicht zu wenig davon. Und das richtige. Vor allem die mehrfach ungesättigten Fettsäuren sind lebenswichtig, weil sie für so ziemlich jeden Vorgang im Organismus benötigt werden – vom Aufbau der Zelle bis zur Hormonsynthese.

Als Basisöl in der Küche ist Rapsöl ideal. Es ist hitzebeständig, sodass es sich gut eignet, um Zwiebeln, Knoblauch oder anderes Gemüse darin anzuschwitzen. Außerdem weist es ein gutes Omega-3-Omega-6-Fettsäuren-Verhältnis auf. Beide Fettsäuren kann der Körper nicht selbst herstellen, wir müssen sie ihm mit der Nahrung zuführen, am besten im Verhältnis 1:3. Tatsächlich aber ist der Omega-6-Anteil oft deutlich höher, was zu einem großen Teil daran liegt, dass in Fertigprodukten überwiegend solche Öle verwendet werden, die einen sehr hohen Anteil an dieser Fettsäure aufweisen. Wie zum Beispiel Sonnenblumenöl. Nicht selten steigt das Omega-3-Omega-6-Verhältnis dadurch auf bis zu 1:25.

Bei so einem ungünstigen Fettsäuremuster können die Omega-6-Fettsäuren ihre Wirkung nicht mehr entfalten. Stattdessen schaden sie der Gesundheit, weil sie den Blutdruck in die Höhe treiben und die Blutgerinnung stören, was zu Plaquebildung, Gefäßverengung, chronischen Entzündungen, Allergien und sogar Krebs führen kann.

Gute Alternativen zu Rapsöl sind Erdnuss- und Olivenöl, auch wenn Letzteres nicht so stark erhitzt werden sollte. Aber zum Anschwitzen reicht es allemal. Dasselbe gilt für Sesamöl, dessen antioxidative Wirkung sich durch leichtes (!) Erhitzen offensichtlich sogar noch erhöht. Allerdings hat dieses Öl einen starken Eigengeschmack und ist nicht für alle Rezepte geeignet. Am besten passt es zu asiatisch inspirierten Soupies.

Kokosöl galt wegen seines hohen Anteils an gesättigten Fettsäuren lange als ungesund. Doch das hochwertige und bekömmliche Pflanzenfett enthält im Gegensatz zu Butter und anderen tierischen Fetten kein Cholesterin, dafür aber viel Vitamin B und E sowie Laurinsäure, die das gute HDL-Cholesterin fördert. Weil es sehr hitzebeständig ist, eignet es sich gut zum Andünsten. Und sorgt gleich noch für ein zartes Kokosaroma.

Nussöle wie Kürbiskernöl (reich an Vitamin A, B_1, B_2, B_6, C, D und vor allem Vitamin E) oder Walnussöl (mit einem besonders hohen Anteil an Omega-3-Fettsäuren) dagegen sollte man tatsächlich nur kalt verwenden. Sie sind sehr hitzeempfindlich, und ihre wertvollen Inhaltsstoffe gehen schnell verloren. Daher tröpfelt man sie immer erst ganz am Schluss auf.

Egal, welches Öl man nun in der Küche verwendet, es sollte »kaltgepresst« sein. Bei raffinierten Ölen gehen bei der Herstellung zu viele mehrfach ungesättigte Fettsäuren, fettlösliche Vitamine und nicht zuletzt Aromen verloren. Sie liefern daher tatsächlich vor allem eins: Kalorien.

Nüsse und Samen

Nüsse und Samen, die »Urform« des Öls, enthalten ebenfalls sehr viele ungesättigte Fettsäuren, sind zugleich aber noch eine crunchy Einlage. Wie Backerbsen, nur viel gesünder. Wer will, streut deshalb am Schluss einfach einen Esslöffel oder eine kleine Handvoll davon über den Soupie.

Besonders intensiv kommt das Aroma rüber, wenn man die Nüsse und Samen vorher in einer Pfanne goldgelb röstet – ohne Fett. Bis auf die Minis wie Pinien- und Sonnenblumenkerne oder Sesamsaat hackt man die Nüsse davor oder danach noch grob.

Cashewkerne sind darüber hinaus ein guter veganer Sahneersatz, wenn mal mehr Cremigkeit erwünscht ist. Normalerweise weicht man sie dazu ein paar Stunden in der doppelten Menge Wasser ein und püriert dann beides miteinander. Schneller geht es, wenn man die Nüsse mit dem Gemüse in den Topf gibt oder einfach im Mixer mitpüriert. Letzteres klappt übrigens auch mit Walnüssen gut. Alternative: Einen Esslöffel ungesüßtes Nussmus in den Soupie geben, zum Beispiel Mandelmus, Kürbiskernmus oder, wenn es ein bisschen asiatisch schmecken soll, auch mal Erdnussbutter.

Weil Nüsse und Samen relativ schnell ranzig werden, sollte man nur kleine Mengen kaufen und diese nach dem Öffnen bald verbrauchen. Kühl und trocken lagern, am besten luftdicht verschlossen und im Kühlschrank.

Bevor es losgeht: Soupie-Praxis

Einen Soupie zu kochen ist auch nicht schwerer, als einen Smoothie zuzubereiten, nur das Warmmachen kommt dazu. Und mit diesen Küchentipps kann erst recht nichts mehr schiefgehen.

Vitalstoffe schonen

- Gemüse immer kurz und gründlich waschen, anstatt es im Wasserbad »ausbluten« zu lassen.
- Gemüse erst kurz vor dem Kochen klein schneiden. Auch das schont die Vitamine, die sich sprichwörtlich in Luft auflösen, wenn das geschnippelte Grünzeug lange herumsteht.
- Die Schale, sooft es geht, dranlassen (zum Beispiel bei jungen Möhren oder Topinambur). Ansonsten immer einen Sparschäler verwenden, um möglichst wenig zu verschwenden. Außerdem sitzen oft gerade dicht unter der Schale die meisten Vitalstoffe. Um die wäre es schade.
- TK-Gemüse (zum Beispiel Erbsen) vorher nicht auftauen, sondern gefroren zur heißen Gemüsebrühe geben. Damit es nicht zu flüssig wird, eventuell zunächst etwas weniger Brühe verwenden als im Rezept angegeben und notfalls beim Mixen noch warme Brühe nachfüllen.
- Keinen zu großen Topf wählen. In einem kleinen Topf werden Brühe und Gemüse schneller erwärmt, und die Garzeit bleibt kurz. Das schont die Vitalstoffe.

- Die meisten Vitamine gehen in der Ankochphase verloren. Daher das Gemüse am besten erst in die schon kochende Flüssigkeit geben – es sei denn, das Gemüse soll für ein bestimmtes Rezept vorher angeschwitzt oder angebraten werden.
- Werden in einem Rezept unterschiedliche Gemüsesorten verwendet, kommt erst die mit der längeren Garzeit in die Brühe. Das andere Gemüse wird dann ein paar Minuten später zugegeben. Sonst zerkocht es.
- Deckel drauf! Nur so bleibt der Wasserdampf im Topf und damit auch die darin gelösten Vitamine. Ohne Deckel verpuffen sie im Nirgendwo.
- Rohes Gemüse und Kräuter erst beim oder nach dem Pürieren dazugeben. Dadurch wird es nicht komplett gegart, sondern nur leicht angewärmt und gleicht so Vitaminverluste durchs Garen aus. Dasselbe gilt für Kräuter und Sprossen als Topping.
- Hochwertige, kaltgepresste Öle immer erst ganz am Schluss aufträufeln. Sie sollten nicht erhitzt werden, um die wertvollen Inhaltsstoffe nicht zu zerstören.

Tipps und Tricks

- Eine Handvoll Kräuter: Das kann beim einen ein bisschen mehr sein, beim anderen ein bisschen weniger – je nach Hand. Entsprechend kann die Menge der benötigten Brühe leicht variieren. Wer unsicher ist, gibt erst ein bisschen weniger Flüssigkeit in den Topf und füllt bei Bedarf im Mixer auf.

- Die Rezepte in diesem Buch sind für eher dickflüssige Soupies berechnet. Deshalb gilt auch hier: Wer es lieber ein bisschen weniger sämig mag, gibt beim Mixen einfach noch etwas heiße Brühe dazu.

- Ist Ihnen der Soupie nach dem Untermixen der Rohkost nicht mehr warm genug – das ist besonders oft bei Salat-Soupies der Fall –, geben Sie ihn noch einmal kurz (!) zurück in den heißen Topf. Oder Sie fügen noch etwas heiße Brühe dazu. Je nach gewünschter Konsistenz.

- Nachwürzen ist erlaubt und gerade bei Salat-Soupies oft nötig, weil das Grün wenig Eigengeschmack hat. Wenn Sie jedoch bei jedem Soupie zum Salz greifen müssen, sollten Sie das nächste Mal einfach die Basisbrühe stärker würzen.

- Für jedes Rezept in diesem Buch gibt es Vorschläge für ein passendes Topping. Und ab Seite 158 stehen dann noch mehr Ideen für so ziemlich alle Geschmacksvorlieben. Aber: Extras sind kein Muss. Wer es schlicht mag oder mal wenig Zeit hat, löffelt den Soupie einfach pur oder streut lediglich ein paar der im Rezept verwendeten Kräuter auf. Aus diesem Grund gibt es bei den Toppings auch keine Mengenangaben. Obendrauf kommt, was einem am besten schmeckt. So viel davon, wie man mag.

- Soll der Soupie tatsächlich einmal mit Sojajoghurt, Sahne, Frischkäse, Grünkern, Croûtons oder anderen zusätzlichen Leckereien »gepusht« werden, gibt man auch sie erst ganz am Schluss dazu. Nicht mitpürieren, sondern nur aufklecksen beziehungsweise aufstreuen oder mit dem Löffel unterziehen.

Portionen

- Alle Rezepte auf den folgenden Seiten sind für zwei kleinere Portionen berechnet. Für den Hunger zwischendurch, einen warmen Snack oder als Vorspeise genügt meistens schon eine davon. Wer richtig Hunger hat, isst beide Portionen. Dann ist der Soupie eine vollwertige Hauptmahlzeit.
- Wenn Sie erst einmal nur eine Portion essen möchten, haben Sie zwei Möglichkeiten: Entweder Sie halbieren die Zutaten und bereiten nur die halbe Menge zu. Oder Sie kochen die ganze »Basissuppe« und geben nur die Hälfte davon mit der Hälfte der übrigen Zutaten in den Mixer. Die restliche Suppe bleibt in einem Schraubglas im Kühlschrank einen Tag frisch und wird später einfach noch mal kurz (!) erhitzt und dann bei Bedarf wie gewohnt weiterverarbeitet.

Grüne Soupies

Genug Theorie, jetzt geht es los – und den Anfang macht das grüne Blattgemüse. Spinat, Mangold, Salat, Kräuter und Kohl bringen neben der nötigen Farbe auch jede Menge Vitalstoffe mit. Und viel Geschmack. Deshalb kommen sie nicht nur in den Soupie, sondern auch obendrauf. Als Topping.

Mangold- und Spinat-Soupies

Bei Gemüse für einen grünen Smoothie denkt wahrscheinlich jeder erst mal an Spinat. Der enthält viel Wasser, hat gleichzeitig aber mehr Aroma als die meisten Salate und ist reich an Vitalstoffen. Schön grün ist er natürlich auch. Gute Voraussetzungen also.

Was in Kalt funktioniert, funktioniert auch in Warm, daher ist Spinat ein prima Basisgemüse für einen schnellen Suppen-Snack. Vorteil Soupie: Man braucht sich nicht auf den zarten Blatt- oder Babyspinat zu beschränken, sondern kann auch den würzigeren Wurzelspinat mit den fleischigen Blättern nehmen. Sogar die Verwendung von TK-Ware ist möglich, solange es kein Rahmspinat ist. Er muss nicht einmal aufgetaut werden. 150 Gramm davon entsprechen etwa 500 Gramm frischem Blattspinat.

Besonders viel Arbeit macht frischer Spinat aber auch nicht. Sorgfältig waschen, bei Wurzelspinat noch den unteren Teil der Stiele entfernen, welke Blätter auslesen. Das war's schon.

Auch Mangold muss man eigentlich nur waschen. Wie Spinat sollte er dabei nicht im Wasserbad auslaugen, sondern kurz und gründlich von Sand- oder Erdresten befreit werden. Besonders bei Schnitt- oder Blattmangold setzen die sich gern in den krausen Blättern ab. Anschließend werden Stiele und Blätter quer in Streifen geschnitten. Beim Kochen kommen die knackigen Stiele dann ein paar Minuten vor den Blättern in den Topf, weil sie ein wenig länger brauchen, um gar zu werden.

Was nicht gleich verbraucht wird, bleibt in ein feuchtes Küchenhandtuch gewickelt im Kühlschrank bis zu drei Tage frisch. Oder man wäscht das Gemüse, blanchiert es kurz in kochendem Wasser, lässt es abtropfen und friert es dann portionsweise ein.

Mangold mit Topinambur

Dank der gesunden Ballaststoffe im Topinambur ein Soupie mit Sattmach-Garantie.

200 g Mangold ● *4 Topinamburknollen (ca. 250 g)*
400 ml Gemüsebrühe

Fürs Topping: fein geschnittener Mangold, Topinambur-Chips und grob zerstoßene Koriandersamen

● Den Mangold waschen und putzen. Die Stiele in etwa 1 cm breite Streifen schneiden, die Blätter in breite Streifen. Topinambur mit einer Wurzelbürste unter Wasser gründlich abschrubben (unschöne Stellen sparsam wegschneiden) und in etwa 2 cm große Würfel schneiden.

● Die Brühe in einem Topf erhitzen. Die Hitze reduzieren, die Topinamburwürfel zugeben und bei geschlossenem Deckel 3 Minuten garen. Die Mangoldstiele zugeben und nochmals für 3 Minuten sanft köcheln lassen. Zum Schluss kommt für 2 weitere Minuten noch die Hälfte der Mangoldblätter dazu.

● Das gegarte Gemüse mit der Brühe und den restlichen rohen Mangoldblättern in den Mixer geben und pürieren.

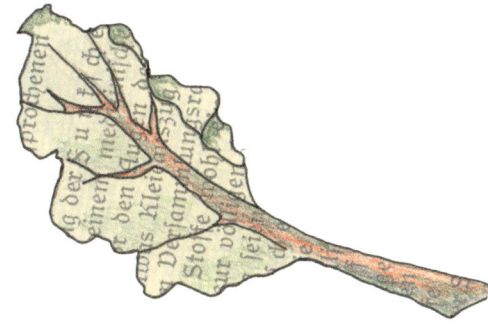

Mangold mit Ingwer und Erdnuss

Erdnüsse, Ingwer und Sojasauce können dem erdigen Mangold-aroma geschmacklich gut die Stirn bieten. Eine runde Sache.

300 g Mangold ● *1 Knoblauchzehe*
1 haselnussgroßes Stück Ingwer ● *1 EL Erdnussöl*
200 ml Gemüsebrühe ● *1 kleine Handvoll Thai-Basilikum*
etwas frischer roter Chili (je nachdem, wie scharf es sein soll)
1 EL Sojasauce ● *1 EL Erdnussbutter*
Salz (nach Geschmack)

Fürs Topping: fein geschnittener Mangold, Thai-Basilikum
und geröstete Erdnüsse (ohne Salz) – beides grob gehackt

● Mangold waschen und putzen. Die Stiele in etwa 1 cm breite Streifen schneiden, die Blätter in breitere Streifen. Den Knoblauch schälen und würfeln. Den Ingwer ebenfalls schälen und ⅔ davon hacken.

● Das Erdnussöl in einem Topf erhitzen. Knoblauch, Mangoldstiele und gehackten Ingwer kurz darin anschwitzen. Mit Brühe aufgießen und alles bei geschlossenem Deckel und reduzierter Hitze 3 Minuten leise köcheln lassen. Die geschnittenen Mangoldblätter zugeben und 2 Minuten weiter garen.

● In der Zwischenzeit den restlichen restlichen Ingwer fein hacken oder reiben. Thai-Basilikum waschen, trocken schwenken und die Blättchen abzupfen.

● Den Topfinhalt in den Mixer umfüllen, Chili dazugeben und alles pürieren. Sojasauce, Erdnussbutter, restlichen Ingwer und Thai-Basilikum zufügen und nochmals alles kräftig durchmixen. Nach Belieben mit etwas Salz abschmecken.

Mangold mit Koriander

Mit Zitronengras, Chili und Limette schmeckt Mangold richtig fruchtig. Und bekommt gleich noch eine Extraportion Vitamin C dazu.

400 g Mangold ● *2 Knoblauchzehen*
1 Zitronengras (ca. 10 cm) ● *1 EL Rapsöl*
400 ml Gemüsebrühe ● *1 Handvoll frischer Koriander*
Etwas frischer roter Chili (je nachdem, wie scharf es sein soll)
Etwas Limettensaft

Fürs Topping: gehackter Mangold und Koriander,
Gomasio (siehe Seite 162)

● Den Mangold gründlich waschen und putzen. Die Stiele in etwa 1 cm breite Streifen schneiden, die Blätter in breite Streifen. Die Knoblauchzehen schälen und in Scheiben schneiden. Das Zitronengras waschen und fein würfeln.

● In einem Topf das Rapsöl erhitzen und die Knoblauchscheiben sowie das gehackte Zitronengras kurz darin anschwitzen. Brühe zugeben und zum Kochen bringen. Die Hitze reduzieren, die Mangoldstiele zugeben und bei geschlossenem Deckel 3 Minuten garen. Die Mangoldblätter dazugeben und weitere 2 Minuten köcheln lassen. Währenddessen den Koriander waschen, trocken schwenken und die Blättchen abzupfen.

● Den Inhalt des Topfes in den Mixer umfüllen, Chili und Koriander zufügen und alles pürieren. Mit Limettensaft abschmecken.

Mangold mit Kohlrabi und Kümmel

Kohlrabi gehört zwar zur Kohlfamilie, ist aber besonders bekömmlich. Und der Kümmel macht's noch magenfreundlicher.

300 g Mangold ● *¼ Kohlrabi mit Grün (ca. 150 g)*
1 Zwiebel ● *1 EL Olivenöl*
300 ml Gemüsebrühe ● *½ TL Kümmel*
frisch gemahlener Pfeffer ● *Salz (nach Geschmack)*

Fürs Topping: Mangold und Kohlrabigrün in feinen Streifen,
Sonnenblumenkerne und darüber ein paar Tropfen Kümmelöl
(siehe Seite 159)

● Den Mangold waschen und putzen. Die Stiele in etwa 1 cm breite Streifen schneiden, die Blätter in breite Streifen. Den Kohlrabi putzen, waschen und in etwa 2 cm große Stücke teilen. ½ Handvoll Kohlrabigrün waschen und beiseitelegen (am Besten sind die kleinen Blätter). Die Zwiebel schälen und würfeln.
● In einem Topf das Olivenöl erhitzen und die Zwiebelwürfel darin anschwitzen. Mit Gemüsebrühe aufgießen. Kohlrabiwürfel, Mangoldstiele und Kümmel zugeben, die Hitze reduzieren und den Deckel auf den Topf setzen. Nach 3 Minuten die Hälfte der geschnittenen Mangoldblätter zugeben. Alles noch weitere 2 Minuten sanft vor sich hin köcheln lassen.
● Das gegarte Gemüse mitsamt der Brühe in den Mixer geben. Die restlichen Mangoldblätter und das Kohlrabigrün hinzufügen und alles pürieren. Mit frisch gemahlenem Pfeffer und eventuell etwas Salz abschmecken.

Mangold mit Sauerampfer und Petersilie

Viele zusätzliche Kräuter machen aus dem Mangold einen echten Mineralstoff-Bomber.

300 g Mangold ● 1 Zwiebel
1 EL Rapsöl ● 200 ml Gemüsebrühe
½ Handvoll Sauerampfer ● ½ Handvoll Petersilie
Salz (nach Geschmack) ● 3 Pimentkörner
10 Körner weißer Pfeffer ● 2 TL Walnussöl

Fürs Topping: Mangold, Petersilie, geröstete Walnüsse –
alles grob gehackt und mit etwas zerstoßenem weißen Pfeffer bestreut

● Den Mangold waschen und putzen. Die Stiele in etwa 1 cm breite Streifen schneiden, die Blätter in breite Streifen. Die Zwiebel schälen und würfeln.

● In einem Topf das Rapsöl erhitzen und die Zwiebelwürfel darin anschwitzen. Brühe zugeben und zum Kochen bringen. Die Hitze reduzieren, die Mangoldstiele zugeben und bei geschlossenem Deckel 3 Minuten garen. Die Mangoldblätter dazugeben und weitere 2 Minuten köcheln lassen.

● Währenddessen Sauerampfer und Petersilie waschen und trocken schwenken. Die Blättchen der Petersilie abzupfen.

● Den Inhalt des Topfes in den Mixer umfüllen und pürieren. Piment und weißen Pfeffer im Mörser grob zerstoßen. Mit Sauerampfer und Petersilie in den Mixer geben und alles nochmals kurz durchmixen. Nach Geschmack etwas Salz zufügen. In Schälchen füllen und mit je 1 TL Walnussöl beträufeln.

Spinat mit Brokkoli

Viel grüner geht's nicht. Und noch mehr Betacarotin, B-Vitamine, Vitamin C, K und Kalium sind auch fast nicht möglich.

4 Handvoll Spinat (ca. 120 g) ● *120 g Brokkoli*
1 Zwiebel ● *1 Knoblauchzehe*
1 EL Rapsöl ● *300 ml Gemüsebrühe*
Etwas frische rote Chilischote (je nachdem, wie scharf es ein soll)
Salz (nach Geschmack)

Fürs Topping: rohe Brokkoliröschen,
Spinat und geröstete Cashewkerne – alles grob gehackt

● Den Spinat gründlich waschen, verlesen und abtropfen lassen. Den Brokkoli in Röschen teilen. Die Stiele in kleine Stücke schneiden. Zwiebel und Knoblauch schälen und würfeln.

● In einem Topf das Rapsöl erhitzen und Zwiebel und Knoblauch darin anschwitzen. Die Brühe angießen und zum Kochen bringen. Brokkoli zufügen, den Deckel auf den Topf setzen und die Hitze reduzieren. Nach 5 Minuten den Spinat dazugeben und alles weitere 3 Minuten sanft garen.

● Den Topfinhalt in den Mixer umfüllen, ein paar Ringe Chili zufügen und alles pürieren. Eventuell noch etwas salzen.

Spinat-Lauch-Walnuss

Ein mildes Wintersüppchen. Die Walnüsse sorgen für eine Extraportion gesunder Omega-3-Fettsäuren.

4 Handvoll Spinat (ca. 120 g) ● *1 Stange Lauch (ca. 120 g)*
1 EL Rapsöl ● *200 ml Gemüsebrühe*
14 Walnusshälften (ca. 40 g) ● *frisch geriebene Muskatnuss*

*Fürs Topping: fein gehackter Spinat, sehr feine Ringe
vom grünen Ende des Lauchs und geröstete, gehackte Walnüsse*

● Spinat gründlich waschen, verlesen und abtropfen lassen. Den Lauch waschen, putzen und in etwa 1 cm breite Ringe teilen.
● Das Rapsöl in einem Topf erhitzen und den Lauch darin unter Rühren anschwitzen. Brühe angießen, den Deckel auf den Topf setzen und die Hitze reduzieren. Nach 2 Minuten den abgetropften Spinat dazugeben und alles weitere 3 Minuten sanft garen.
● Den Topfinhalt in den Mixer umfüllen, die Walnusshälften hinzufügen und alles kräftig durchmixen. Mit Muskatnuss abschmecken.

Spinat mit Zucchini und Knoblauch

Hier wird's dem Spinat zur Abwechslung mal richtig heiß. Denn Knoblauch und Chili heizen ihm ordentlich ein.

7 Handvoll Spinat (ca. 200 g) ● *200 g Zucchini*
2 Knoblauchzehen ● *1 EL Rapsöl*
200 ml Gemüsebrühe ● *ein paar Ringe frischen Chili*
(je nachdem, wie scharf es sein soll)
Salz (nach Geschmack) ● *1 TL Chiliöl (nach Geschmack)*

Fürs Topping: grob gehackter Spinat, hauchdünne rohe Zucchinischeiben oder -spaghetti, geröstete Cashewkerne und fein gewürfelte getrocknete Tomaten (ohne Öl)

● Spinat gründlich waschen, verlesen und in einem Sieb abtropfen lassen. Zucchini waschen, putzen und würfeln. Knoblauch schälen und in Scheiben schneiden.

● Das Rapsöl in einem Topf erhitzen und den Knoblauch darin anschwitzen. Brühe angießen und zum Kochen bringen. Spinat und Zucchiniwürfel zugeben. Wenn die Brühe wieder kocht, die Hitze reduzieren und das Gemüse bei geschlossenem Deckel 4 Minuten sanft garen.

● Den Topfinhalt in den Mixer umfüllen, Chili zufügen und alles pürieren. Nach Geschmack mit etwas Salz nachwürzen. Auf Schälchen verteilen und – wenn man es gern etwas schärfer mag – mit je ½ TL Chiliöl beträufeln. Wie man das ansetzt, steht auf Seite 159.

Spinat mit Kohlrabi

Ohne das Topping wäre dieser Soupie nichts Besonderes. Hier macht's der Sesam, der gleich noch ein Plus an Kalzium und Magnesium mitbringt.

4 Handvoll Spinat (ca. 120 g) ● *½ Kohlrabi mit Grün (ca. 150 g)*
2 Knoblauchzehen ● *1 EL Rapsöl*
300 ml Gemüsebrühe

Fürs Topping: fein gehackte Spinat- und Kohlrabiblätter,
Gomasio (siehe Seite 162)

● Den Spinat gründlich waschen, verlesen und abtropfen lassen. Den Kohlrabi waschen, putzen und in mundgerechte Würfel schneiden. Ein paar schöne Kohlrabiblätter waschen und beiseitelegen. Den Knoblauch schälen und würfeln.

● In einem Topf das Rapsöl erhitzen und den Knoblauch unter Rühren darin anschwitzen. Die Brühe angießen, aufkochen, die Kohlrabiwürfel zugeben und bei geschlossenem Deckel und reduzierter Hitze 5 Minuten garen. Den Spinat dazugeben und alles 3 weitere Minuten sanft vor sich hin köcheln lassen.

● Den Topfinhalt in den Mixer umfüllen, das Kohlrabigrün dazugeben und alles pürieren.

Salat-Soupies

Normalerweise braucht man für eine klassische Salatsuppe viel Sahne oder Mehlschwitze. Denn wo viel Wasser drin ist, kommt eben auch viel Wasser raus. Und das ergibt suppentechnisch eine recht dünne Angelegenheit. Aber jetzt kommt der Soupie-Trick: Man nimmt einfach nur wenig Brühe und dickt das Ganze noch mit anderem Gemüse an. Das macht quasi null Zusatzkalorien. Bringt aber noch mehr Vitalstoffe.

Vorbereitet wird der Salat wie gewohnt: waschen – wobei auch hier gilt: kurz und gründlich, statt lang im Wasserbad liegen lassen – und welke sowie unschöne Blätter auslesen. Das Trockenschleudern kann entfallen, es genügt, wenn der Salat in einem Sieb leicht abtropft oder man ihn einfach in der Hand ein wenig trocken schüttelt.

Anders als bei einer klassischen Salatsuppe, bei der der Salat in Fett angeschwitzt wird, zusammenfällt und dann kurz in Brühe schmurgelt, kommt er beim Soupie fast immer erst ganz am Schluss dazu und roh in den Mixer. Hier macht sich die Verwandtschaft zum Smoothie wieder mal besonders bemerkbar. Eventuell muss man wegen des hohen Wassergehalts vom Salat dann noch einmal ein wenig nachwürzen. Pusten braucht man dafür nicht mehr. Denn weil der Salat kalt dazukommt, sinkt die Temperatur sofort in den löffelbaren Bereich.

Was man nicht verbraucht, hält sich, locker in ein Tuch oder Küchenfolie gewickelt, im Kühlschrank zwei bis drei Tage. Manche Sorten wie Eissalat, Romana, Endivie und Radicchio auch länger. Allerdings schwinden die gesunden Inhaltsstoffe mit jedem Tag. Daher lieber möglichst kleine Salatköpfe kaufen und Reste möglichst bald anders verwerten.

Romana mit Zucchini

Klingt nach Italienurlaub – und schmeckt auch so.

1 Zwiebel ● 2 Knoblauchzehen
1 Zucchini (ca. 150 g) ● ½ Romanasalatherz
½ Handvoll Basilikum (oder mehr)
1 EL Olivenöl ● 300 ml Gemüsebrühe
frisch gemahlener Pfeffer ● Salz (nach Geschmack)

Fürs Topping: Romana und Basilikum in feinen Streifen,
hauchzarte rohe Zucchinischeiben oder -spaghetti,
feine Frühlingszwiebelringe und geröstete Pinienkerne

● Zwiebel und Knoblauch schälen und würfeln. Zucchini waschen und putzen. Erst der Länge nach vierteln, dann in Würfel schneiden. Die einzelnen Blätter von den Romanaherzen ablösen und waschen. Basilikumblättchen abzupfen.

● In einem Topf das Olivenöl erhitzen und die Zwiebel- und Knoblauchwürfel darin anschwitzen. Zucchini zugeben und ebenfalls kurz anbraten. Mit Brühe aufgießen, die Hitze reduzieren und alles 3 Minuten garen lassen.

● Den Topfinhalt in den Mixer umfüllen. Die Salatblätter und das Basilikum dazugeben und alles pürieren. Mit reichlich Pfeffer und nach Bedarf etwas Salz würzen.

Asia-Salat mit Chinakohl

Der Asia-Salat, manchmal auch »Japanischer Salat« genannt, ist mit dem Chinakohl verwandt. Deshalb passen die beiden auch so gut zusammen. Beide enthalten reichlich Senfölglykoside, die den Soupie schön scharf machen und den Körper gesund halten.

4 Handvoll Asia-Salat ● 200 g Chinakohl
400 ml Gemüsebrühe ● etwas frischen roten Chili
(je nachdem, wie scharf es sein soll)

Fürs Topping: fein geschnittener Chinakohl
und Asia-Salat, Frühlingszwiebelringe, Rettichsprossen
und Gomasio (siehe Seite 162)

● Den Asia-Salat waschen, verlesen und abtropfen lassen. Chinakohl putzen und waschen. Den unteren Teil der Blätter in feine Streifen schneiden, den oberen in breitere.
● In einem Topf die Gemüsebrühe zum Kochen bringen. Den Chinakohl zugeben, die Hitze reduzieren und das Gemüse bei geschlossenem Deckel 3 Minuten sanft garen.
● Chinakohl und Brühe in den Mixer geben. Asia-Salat und Chili zufügen und alles pürieren.

Feldsalat mit Kohlrabi und Zucchini

Hier haben sich drei zarte Gemüse gefunden. Aber Achtung: In ihnen stecken jede Menge Betacarotin und B-Vitamine, Vitamin K, Phosphor, Magnesium, Natrium, Kalium und Eisen.

½ Kohlrabi (ca. 300 g) ● 125 g Zucchini
2 Handvoll Feldsalat ● 250 ml Gemüsebrühe
Salz (nach Geschmack)

Fürs Topping: fein geschnittenes Kohlrabigrün,
hauchdünne Zucchinistreifen und gehackte Walnüsse

● Den Kohlrabi putzen, schälen und in mundgerechte Würfel schneiden. Ein paar schöne Blätter waschen und beiseitelegen. Zucchini putzen, waschen und ebenfalls würfeln. Feldsalat gründlich waschen und trocken schwenken.
● Die Gemüsebrühe in einem Topf zum Kochen bringen. Die Hitze reduzieren, die Kohlrabiwürfel zugeben und bei geschlossenem Deckel 3 Minuten garen. Die klein geschnittenen Zucchini hinzufügen und das Gemüse weitere 3 Minuten sanft köcheln lassen.
● Kohlrabi, Zucchini und Brühe mit dem Kohlrabigrün in den Mixer geben und pürieren. Zum Schluss kommt noch der Feldsalat dazu. Alles noch einmal kräftig durchmixen und bei Bedarf mit einer Prise Salz nachwürzen.

Kopfsalat mit Spinat und Erbsen

Was im Gemüsebeet traditionellerweise nebeneinander wächst, harmoniert auch im Suppentopf.

½ grüner Salatkopf ● *4 Handvoll Spinat (ca. 120 g)*
1 Zwiebel ● *1 Knoblauchzehe*
1 EL Rapsöl ● *400 ml Gemüsebrühe*
100 g TK-Erbsen (oder 200 g frische Erbsenschoten)
grob gemahlener weißer Pfeffer ● *Salz (nach Geschmack)*

Fürs Topping: Kopfsalat und Spinat in feinen Streifen,
blanchierte Erbsen, Alfalfasprossen oder andere eher milde Sprossen
und Sonnenblumenkerne

● Salatblätter abzupfen und mit dem Spinat gründlich waschen. Beides gut abtropfen lassen. Zwiebel und Knoblauch schälen und würfeln.

● Das Rapsöl in einem Topf erhitzen, die Zwiebel- und Knoblauchwürfel zugeben und kurz anschwitzen. Gemüsebrühe angießen und zum Kochen bringen. Die Erbsen dazugeben (frische Erbsen vorher aus den Schoten pulen) und bei geschlossenem Deckel und reduzierter Hitze 2 Minuten garen. Den abgetropften Spinat dazugeben, den Deckel wieder aufsetzen und das Ganze nochmals 2–3 Minuten sanft vor sich hin köcheln lassen, bis der Spinat in sich zusammenfällt.

● Das gegarte Gemüse und die Brühe in den Mixer geben und pürieren. Salatblätter dazugeben und alles noch mal durchmixen. Mit reichlich grob gemahlenem weißen Pfeffer und nach Geschmack noch etwas Salz würzen.

Rucola mit Zucchini und Frühlingszwiebeln

Püriert man den Rucola roh mit, wird der Soupie extrem bitter. Daher kommt der Salat hier ausnahmsweise ein paar Minuten mit in die Brühe.

400 g Zucchini ● *4 Frühlingszwiebeln*
4 Handvoll Rucola ● *1 EL Olivenöl*
400 ml Gemüsebrühe

Fürs Topping: Rucola und Basilikum – beides grob gehackt –,
hauchzarte rohe Zucchinischeiben oder -spaghetti, fein
gewürfelte getrocknete Tomaten und geröstete Pinienkerne

● Zucchini und Frühlingszwiebeln waschen, putzen und in etwa 2 cm große Würfel beziehungsweise Ringe schneiden. Den Rucola waschen, verlesen und abtropfen lassen.

● In einem Topf das Olivenöl erhitzen und die Frühlingszwiebeln darin anschwitzen. Brühe angießen und zum Kochen bringen. Zucchini zugeben, die Hitze reduzieren und alles bei geschlossenem Deckel 3 Minuten sanft köcheln lassen. Den Rucola mit in den Topf geben und weitere 2 Minuten mitgaren. Den Inhalt des Topfes in den Mixer umfüllen und pürieren.

Romana mit Staudensellerie

Hier kommt zum Salat noch jede Menge Blattgrün vom Staudensellerie. Für mehr Aroma.

½ Romanasalatherz ● *400 g Staudensellerie mit Grün*
300 ml Gemüsebrühe ● *1 TL Kürbiskernöl*

Fürs Topping: fein geschnittenes Staudenselleriegrün
und geröstete Kürbiskerne

● Die einzelnen Blätter von dem Romanaherz ablösen und waschen. Den Staudensellerie waschen, putzen und in etwa 1 cm breite Stücke schneiden. Das Grün beiseitelegen.

● Die Gemüsebrühe in einem Topf zum Kochen bringen. Den
Staudensellerie dazugeben, die Hitze reduzieren und das Gemüse
bei geschlossenem Deckel 8 Minuten weich garen.

● Sellerie und Brühe in den Mixer umfüllen und gründlich pürieren. Die Salatblätter und das Selleriegrün dazugeben und nochmals
kurz durchmixen. In Schälchen füllen und jeweils mit ½ TL Kürbiskernöl besprenkeln.

Wildkräutersalat mit Mairübchen und Möhre

Wenn Mairübchen gerade keine Saison haben, kann man auch Kohlrabi in den Soupie schnippeln.

1–2 Mairübchen (200 g) ● 1 Möhre (ca. 100 g)
2 Frühlingszwiebeln ● 4 Handvoll Wildkräutersalat
1 EL Rapsöl ● 600 ml Gemüsebrühe
grob gemahlener weißer Pfeffer ● Sumach (ersatzweise Zitronensaft)
Salz (nach Geschmack)

Fürs Topping: gehackter Wildkräutersalat oder Rucola,
geröstete Walnüsse, Sumach und grober weißer Pfeffer

● Die Mairübchen und Möhre schälen und in etwa 2 cm große Würfel schneiden. Die Frühlingszwiebeln waschen, putzen und in Ringe schneiden. Den Wildkräutersalat waschen und abtropfen lassen.
● Das Rapsöl in einem Topf erhitzen und die Frühlingszwiebelringe darin anschwitzen. Die Brühe zugeben und zum Kochen bringen. Mairübchen und Möhre hinzufügen, die Hitze reduzieren und das Gemüse bei geschlossenem Deckel 5 Minuten leise köcheln lassen.
● Den Inhalt des Topfes in den Mixer geben und pürieren. Den Wildkräutersalat zufügen und nochmals kräftig durchmixen. Mit weißem Pfeffer, Sumach und eventuell etwas Salz abschmecken.

Tipp *Sumach bekommt man beispielsweise im türkischen Gemüseladen. Die getrockneten und gemahlenen Früchte des Essigbaums schmecken schön fruchtig-sauer. Alternativ kann man mit Zitronensaft abschmecken und etwas abgeriebene Zitronenschale aufstreuen.*

Endivie mit Erbse

Bitterer Salat, süßliche Erbsen: Das schmeckt gut zusammen und macht schön satt.

½ Endiviensalat (ca. 300 g) ● *2 Schalotten*
200 g TK-Erbsen (oder 400 g frische Erbsenschoten)
1 EL kaltgepresstes Sonnenblumenöl
(ausnahmsweise, weil's so gut dazu passt) ● *400 ml Gemüsebrühe*
etwas Zitronensaft ● *Salz (nach Geschmack)*

Fürs Topping: feine Streifen Endivie, abgeriebene Zitronenschale,
Schnittlauchröllchen und klein gewürfelte Radieschen

● Endiviensalat verlesen, gründlich waschen und etwas trocken schwenken. Den unteren Teil der Blätter in feine Streifen schneiden, den oberen in etwas breitere. Die Schalotten schälen und würfeln. Frische Erbsen pulen.

● Das Sonnenblumenöl in einem Topf erhitzen und die Schalottenwürfel darin anschwitzen. Die Brühe angießen und zum Kochen bringen. Die Erbsen und unteren Blattteile des Salates zugeben und den Deckel auf den Topf setzen und alles bei kleiner Hitze 3 Minuten leise vor sich hin köcheln lassen. Die Salatspitzen hinzufügen und noch 1 Minute mitgaren.

● Brühe, Gemüse und Salat im Mixer pürieren. Mit ein paar Spritzern Zitronensaft und eventuell etwas Salz abschmecken.

Kräuter-Soupies

In der Küche sind frische Kräuter kaum zu toppen. Sie verleihen noch den einfachsten Nudeln einen echten Aromakick. Oder Kartoffeln. Oder einem Butterbrot. Genauso setzen sie vielen Gerichten aber auch erst die kulinarische Krone auf, so wie der Dill auf dem Gurkensalat. Und andere funktionieren ohne Kräuter gar nicht, zum Beispiel Pesto oder eine Frankfurter Sauce. Zur letzten Kategorie gehören auch die Soupies. Denn ohne Kräuter läuft bei ihnen so gut wie nichts.

Das Tolle an Kräutern ist, dass man sie nicht nur extrem vielfältig einsetzen kann. Sondern dass das auch noch superschnell und einfach geht. Man muss sie lediglich kurz, aber gründlich waschen (das gilt ganz besonders für Selbstgesammeltes), ein bisschen trocken schwenken und dann die Blättchen abzupfen. Zarte Stängel können auch dranbleiben. Nur das Harte, Faserige sollte man entfernen.

Für maximalen Geschmack und höchste Vitalstoffdichte kommen die Kräuter außerdem immer erst ganz zum Schluss in den Mixer, wenn der Rest schon püriert ist. Weil sie so zart sind, muss man dann alles nur noch einmal kurz durchmixen. Lediglich ein paar Blättchen sollte man sich zurückbehalten, um sie am Schluss doch noch grob gehackt über den Soupie zu streuen. Das sieht einfach schöner aus.

Im Gemüsefach des Kühlschranks bleiben Kräuterreste ein paar Tage frisch. Am besten gibt man sie dazu mit einigen Tropfen Wasser in einen Gefrierbeutel, pustet diesen dann auf und verschließt ihn mit einer Klemme oder einem Haushaltsgummi. Oder man hackt die gewaschenen Kräuter klein, füllt sie in Eiswürfelbehälter und friert sie ein. Das vertragen aber leider nicht alle Sorten. Basilikum etwa übersteht den Kälteschock nicht.

Bärlauch mit Spinat

Roher Bärlauch ist richtig scharf. Manchem zu scharf. Beim Garen wird er deutlich milder. Die »Hot-and-spicy«-Fraktion kann am Schluss einen größeren Teil roh in den Mixer geben.

1 Bund Bärlauch (ca. 40 g) ● *7 Handvoll Spinat (ca. 200 g)*
200 ml Gemüsebrühe ● *1 EL Oliven- oder Bärlauchöl (siehe Seite 159)*
Frisch geriebene Muskatnuss ● *etwas Zitronensaft*

Fürs Topping: grob gehackter Spinat,
Sonnenblumenkerne und Bärlauchblüten

● Bärlauch und Spinat gründlich waschen und verlesen. In einem Sieb abtropfen lassen oder leicht trocken schwenken.
● Die Brühe in einem Topf erhitzen. Spinat und etwa ¾ des Bärlauchs dazugeben, den Deckel auf den Topf setzen, die Hitze reduzieren und das Gemüse 4 Minuten sanft vor sich hin köcheln lassen.
● Spinat, Bärlauch und Brühe in den Mixer geben, den restlichen rohen Bärlauch und das Öl zufügen und alles pürieren. Mit frisch geriebener Muskatnuss und Zitronensaft abschmecken.

Bärlauch mit Spargel

Hier trifft Frühjahrskraut auf Frühjahrsgemüse. Für einen echten Frühjahrs-Soupie. Mit vielen Vitalstoffen für die Frühjahrskur.

1 Bund grüner Spargel (500 g) ● *2 Bund Bärlauch (ca. 80 g)*
500 ml Gemüsebrühe ● *Salz (nach Geschmack)*
2 TL Oliven- oder Bärlauchöl (siehe Seite 159)

Fürs Topping: Rucola, Petersilie und geröstete Erdnüsse (ohne Salz) –
alles grob gehackt

● Den Spargel waschen und die holzigen Enden abschneiden. Die Köpfchen abtrennen und die Stiele in etwa 4 cm lange Stücke schneiden. Den Bärlauch gründlich waschen.
● Die Gemüsebrühe in einem Topf zum Kochen bringen. Die Hitze reduzieren, die klein geschnittenen Spargelstiele zugeben und bei geschlossenem Deckel 4 Minuten leise köcheln lassen. Die Spargelköpfe und den Bärlauch hinzufügen und noch 1 Minute mitgaren.
● Den Topfinhalt in den Mixer umfüllen und pürieren. Abschmecken. Auf Schälchen verteilen und mit je 1 TL Oliven- oder Bärlauchöl beträufeln.

Basilikum mit Stangenbohnen

Eine Art grüne Minestrone – mit viel Betacarotin, B-Vitaminen, Vitamin K, Kalium, Kalzium, Magnesium und Zink.

400 g Stangenbohnen ● *1 Möhre (ca. 100 g)*
1 Stange Staudensellerie (ca. 100 g) ● *1 Schalotte*
1 Knoblauchzehe ● *1 EL Olivenöl*
600 ml Gemüsebrühe ● *1 Handvoll Basilikum*
2 Zweige frischer Thymian

*Fürs Topping: Selleriegrün, Basilikum und geröstete Pinienkerne –
oder gleich 1 Löffel Basilikumpesto (siehe Seite 161)*

● Das Gemüse waschen und putzen. Die Stangenbohnen in drei Teile schneiden. Möhre und Stangensellerie würfeln (etwa 1 cm). Schalotte und Knoblauch schälen und fein würfeln.

● Das Olivenöl in einem Topf erhitzen. Schalotten- und Knoblauchwürfel darin glasig schwitzen. Bohnen zugeben, die Brühe aufgießen und die Bohnen etwa 3 Minuten garen. Möhren- und Selleriewürfelchen und alles Weitere 4–5 Minuten leise vor sich hin köcheln lassen.

● Gemüse und Brühe in den Mixer geben und pürieren. Basilikum zugeben, Thymianblättchen dazuzupfen und alles noch mal durchmixen.

Basilikum mit Kohlrabi

Schon ein bisschen Basilikum genügt, um das zarte Kohlrabiaroma aufzupushen – ohne es komplett zu übertünchen.

1 Kohlrabi mit Grün (ca. 500 g) ● *½ Zwiebel*
1 EL Olivenöl ● *500 ml Gemüsebrühe*
1 Handvoll Basilikum ● *frisch geriebener Pfeffer*
Salz (nach Geschmack)

Fürs Topping: Basilikum, zartes Kohlrabigrün und geröstete Haselnüsse – alles grob gehackt und mit etwas Basilikumöl beträufelt (siehe Seite 159)

● Kohlrabi waschen, putzen und in Würfel schneiden. Vom Grün einige schöne Blätter beiseitelegen. Zwiebel schälen und würfeln.
● Das Olivenöl in einem Topf erhitzen und die Zwiebelwürfel darin anschwitzen. Brühe angießen und zum Kochen bringen. Kohlrabi zugeben, den Deckel auf den Topf setzen, die Hitze reduzieren und das Gemüse in etwa 8 Minuten weich garen.
● In der Zwischenzeit das Basilikum waschen und trocken schwenken. Die Blättchen abzupfen.
● Den Topfinhalt in den Mixer umfüllen und pürieren. Basilikumblättchen und Kohlrabigrün dazugeben und alles nochmals kräftig aufmixen. Mit Pfeffer und wenn nötig etwas Salz abschmecken.

Brunnenkresse mit Zucchini und Cashewkernen

Brunnenkresse gilt als das gesündeste Gemüse der Welt. Mehr Vitamin geht also eigentlich gar nicht.

4 Handvoll Brunnenkresse ● *2 Zucchini (ca. 300 g)*
2 Schalotten ● *1 EL Rapsöl*
400 ml Gemüsebrühe ● *40 g Cashewkerne*

Fürs Topping: hauchzarte rohe Zucchinischeiben oder -spaghetti, Kresse, gehackte Cashewkerne und fein gewürfelte getrocknete Tomaten

● Die Brunnenkresse verlesen, waschen und abtropfen lassen. Die Zucchini putzen, waschen und in Stücke schneiden. Schalotten schälen und würfeln.

● Das Öl in einem Topf erhitzen und die Schalottenwürfel darin anschwitzen. Die Brühe angießen, die Hitze reduzieren, die Zucchiniwürfel und Cashewkerne zugeben und bei geschlossenem Deckel 3 Minuten garen.

● Zucchini, Cashewkerne und Brühe in den Mixer geben. Brunnenkresse zufügen und alles pürieren.

Cima di Rapa mit Cashewkernen

Cima di Rapa ist streng genommen ein Kohlgewächs. Aber man findet ihn beim gut sortierten Gemüsehändler von Oktober bis April eher neben anderen mediterranen Kräutern – und bei manchem Italiener als »Rapsblüte« zu Nudeln oder auf der Pizza. Besonders kohlig sieht er wirklich nicht aus, auch wenn er vom Geschmack durchaus an Weißkohl erinnert, aber mit einer deutlich bittereren, schärferen Note. Die Einordnung zu den Kräutern folgt daher mehr geschmacklichen Kriterien als botanischen.

300 g Cima di Rapa ● *1 Frühlingszwiebel*
1 EL Olivenöl ● *360 ml Gemüsebrühe*
25 g Cashewkerne (ca. 20 Stück)
frisch gemahlener Pfeffer

Fürs Topping: zarte Cima-di-Rapa-Blättchen und kleine -Röschen,
Petersilie, geröstete Cashewkerne und schwarze Oliven – alles grob gehackt

● Cima di Rapa waschen und putzen. Die Stängel in etwa 5 cm lange Stücke, die Blätter in grobe Streifen schneiden. Eventuell vorhandene Röschen abtrennen. Frühlingszwiebel waschen und in Ringe schneiden.
● Das Öl erhitzen und die Frühlingszwiebelringe darin andünsten. Brühe angießen und aufkochen. Die Hitze reduzieren, die Cima-di-Rapa-Stängel und die Cashewkerne zugeben und bei geschlossenem Deckel 3 Minuten garen. Blätter und Röschen zufügen und alles nochmals 1 Minute sanft köcheln lassen.
● Den Topfinhalt in den Mixer umfüllen und pürieren. Mit reichlich frisch gemahlenem Pfeffer würzen.

Frankfurter-Sauce-Kräuter mit Zucchini

Petersilie, Sauerampfer, Kerbel, Borretsch, Pimpinelle, Schnittlauch und Kresse: Statt mit Sauerrahm wie bei der Frankfurter Sauce werden diese sieben Kräuter hier mit Zucchini gebunden. Für noch mehr Vitamin- und Mineralstoffpower.

1 Bund Frankfurter-Sauce-Kräuter ● 300 g Zucchini
300 ml Gemüsebrühe ● Salz (nach Geschmack)
2 TL Olivenöl

Fürs Topping: gehackter Portulak oder Babyspinat, Schnittlauchröllchen,
Sonnenblumenkerne und Borretschblüten oder Gänseblümchen

● Die Saucenkräuter waschen und trocken schwenken. Vertrocknete Stielenden abschneiden, von der Petersilie die Blättchen abzupfen. Zucchini waschen, putzen und in etwa 2 cm große Würfel schneiden.

● Die Gemüsebrühe in einem Topf zum Kochen bringen. Zucchiniwürfel zugeben und bei geschlossenem Deckel und reduzierter Hitze 4 Minuten garen.

● Zucchini und Brühe mit den Saucenkräutern in den Mixer geben und pürieren. Eventuell mit etwas Salz nachwürzen. Auf Schälchen verteilen und je 1 TL Olivenöl aufträufeln.

Dill mit Fenchel und Orange

Die klassische Salatkombination ist besonders reich an Vitamin C und funktioniert auch in warm.

2 Fenchelknollen (ca. 600 g) ● *1 Frühlingszwiebel*
1 Handvoll Dill ● *1 TL Fenchelsamen*
1 EL Olivenöl ● *700 ml Gemüsebrühe*
grob gemahlener weißer Pfeffer ● *Salz (nach Geschmack)*
Saft von etwa ½ Orange

Fürs Topping: zartes Fenchelgrün, Dillspitzen,
feine Frühlingszwiebelringe, geröstete Pinienkerne, grob gehackte
schwarze Oliven und abgeriebene Orangenschale

● Fenchel und Frühlingszwiebel waschen und putzen. Fenchel in etwa 2 cm große Würfel, Frühlingszwiebel in Ringe schneiden. Fenchelgrün und Dill waschen und beiseitelegen.

● Die Fenchelsamen kurz in einem Topf anrösten. Olivenöl und klein geschnittenes Gemüse zugeben und unter Rühren kurz anbraten, bis der Fenchel ganz wenig Farbe angenommen hat. Die Brühe angießen und alles bei geschlossenem Deckel etwa 4 Minuten sanft köcheln lassen, bis der Fenchel gerade noch Biss hat.

● Fenchel und Brühe in den Mixer geben und pürieren. Mit weißem Pfeffer und nach Geschmack noch etwas Salz würzen und mit Orangensaft abschmecken.

Kerbel mit dicken Bohnen

Dicke Bohnen machen ein bisschen Arbeit, aber die lohnt sich. Wer gar keine Lust aufs Pulen hat, sucht nach TK-Ware oder nimmt Erbsen als Ersatz.

1 kg frische dicke Bohnen (gepult ca. 200 g Bohnenkerne)
4 Handvoll Kerbel ● 2 Schalotten
1 EL Rapsöl ● 600 ml Gemüsebrühe
weißer Pfeffer

Fürs Topping: zarte Kerbelblättchen, fein gewürfelte Zucchini,
blanchierte grüne Spargelspitzen und gehackte Mandeln

● Die Bohnen pulen. Den Kerbel waschen, trocken schwenken und die festen Stiele entfernen. Die Schalotten schälen und würfeln.
● In einem Topf das Öl erhitzen und die Schalottenwürfel darin anschwitzen. Brühe angießen und zum Kochen bringen. Die Bohnen dazugeben, die Hitze reduzieren, den Deckel auf den Topf setzen und die Bohnen etwa 6 Minuten auf kleiner Flamme vor sich hin köcheln lassen.
● Bohnen und Brühe in den Mixer geben. Kerbel dazugeben und alles pürieren. Mit weißem Pfeffer würzen.

Löwenzahn mit Kohlrabi

Ein Soupie mit extra viel Vitamin C und noch viel mehr gesunden Bitterstoffen.

400 g Kohlrabi ● *150 g Löwenzahn*
1 kleine Zwiebel ● *1 EL Rapsöl*
450 ml Gemüsebrühe ● *frisch geriebene Muskatnuss*

Fürs Topping: fein geschnittener Löwenzahn oder gehackter Rucola,
zartes Kohlrabigrün, geröstete Pinienkerne und Gänseblümchen

● Kohlrabi waschen, putzen und in ca. 2 cm große Würfel schneiden. Schöne Blättchen waschen und beiseitelegen. Löwenzahn unter fließendem Wasser gründlich waschen. Eventuell braune beziehungsweise angewelkte Stielansätze abschneiden. Stängel und Blätter in Streifen schneiden. Die Zwiebel schälen und würfeln.

● In einem Topf das Rapsöl erhitzen und die Zwiebel darin anschwitzen. Mit Brühe aufgießen und zum Kochen bringen. Hitze reduzieren, Kohlrabi zufügen und bei geschlossenem Deckel 3 Minuten garen. Die Löwenzahnstängel sowie den unteren, gröberen Teil der Blätter zugeben und alles weitere 3 Minuten garen.

● Den Topfinhalt in den Mixer umfüllen und pürieren. Die restlichen Löwenzahnblätter sowie das Kohlrabigrün zugeben und nochmals alles durchmixen. Zum Schluss mit frisch geriebener Muskatnuss abschmecken.

Petersilie mit Lauch und Champignons

Champignons gehören zu den wenigen Vitamin-D-haltigen Lebensmitteln. Das macht diesen Soupie noch gesünder.

130 g Champignons ● 400 g Lauch
1 große Handvoll Petersilie ● 1 EL Rapsöl
300 ml Gemüsebrühe ● 6 Zweige Thymian
frisch gemahlener schwarzer Pfeffer ● Salz (nach Geschmack)

Fürs Topping: Petersilie, feine Lauch- oder Frühlingszwiebelringe und
gehackte Walnusskerne

● Champignons putzen und vierteln. Lauch gründlich waschen, putzen und in Ringe schneiden. Dabei auch möglichst viel Grün mitverwenden. Petersilie unter kaltem Wasser abbrausen, trocken schwenken und die Blättchen abzupfen.
● Das Rapsöl in einem Topf erhitzen. Champignons und Lauchringe darin anschwitzen. Mit Brühe aufgießen und alles einmal aufkochen. Dann die Hitze reduzieren und das Gemüse bei geschlossenem Deckel 4 Minuten garen.
● Den Topfinhalt in den Mixer umfüllen und pürieren. Die Thymianblättchen dazuzupfen, die Petersilienblättchen ebenfalls zugeben und alles noch einmal kurz durchmixen. Mit Pfeffer und eventuell etwas Salz abschmecken.

Petersilie pur

Mehr Petersilie geht nicht. Denn hier kommen gleich Wurzel und Grün zum Einsatz – für eine gute Menge Vitamin C, Folsäure, Vitamin E und Kalium.

300 g Petersilienwurzel • *3 Handvoll Petersilie*
500 ml Gemüsebrühe • *Salz (nach Geschmack)*

Fürs Topping: Petersilie, getrocknete Tomaten (ohne Öl)
und geröstete Cashewkerne – alles grob gehackt

• Petersilienwurzel schälen und in Würfel schneiden. Die Petersilie waschen, trocken schwenken und die Blättchen abzupfen.
• Die Gemüsebrühe in einem Topf zum Kochen bringen, die Petersilienwurzel zugeben, Hitze reduzieren und die Wurzel bei geschlossenem Deckel etwa 5 Minuten garen.
• Den Inhalt des Topfes in den Mixer umfüllen und pürieren. Die Petersilie dazugeben und alles nochmals kräftig durchmixen. Eventuell mit etwas Salz abschmecken.

Minze mit Zucchini und Erbse

Schön hellgrün und minzig-frisch – so schmeckt der Frühling!

150 g Lauch ● *250 g Zucchini*
75 g TK-Erbsen (oder 150 g frische Erbsen)
1 EL Olivenöl ● *400 ml Gemüsebrühe*
½ Handvoll Minze

Fürs Topping: gehackte Petersilie und Minze, hauchzarte rohe Zucchini-
scheiben oder -spaghetti und Alfalfa- oder Linsensprossen

● Lauch waschen, putzen und in Ringe schneiden. Zucchini waschen, putzen und würfeln. Frische Erbsen pulen.

● In einem Topf das Olivenöl erhitzen und den Lauch darin anschwitzen. Brühe angießen und zum Kochen bringen. Erst die Zucchini, dann die Erbsen zugeben. Die Hitze reduzieren und das Gemüse bei geschlossenem Deckel 4–5 Minuten leise vor sich hin köcheln lassen.

● Währenddessen die Minze waschen und die Blättchen abzupfen.

● Gemüse und Brühe in den Mixer umfüllen und pürieren. Die abgezupften Minzeblättchen zugeben und nochmals durchmixen.

Kerbel mit Topinambur

Neben Betacarotin und Vitamin C steckt in diesem Soupie eine Extraportion Mineralstoffe wie Magnesium, Kalzium, Kalium und Eisen. Und richtig satt macht er auch noch. Das liegt am Inulin im Topinambur.

3 Handvoll Kerbel ● *4 Topinamburknollen (ca. 250 g)*
450 ml Gemüsebrühe ● *2 EL Rapsöl*

Fürs Topping: zarte Kerbelblättchen, gehackte Petersilie
und Topinambur-Chips

● Den Kerbel waschen, trocken schwenken und die festen Stiele entfernen. Topinambur mit einer Wurzelbürste unter Wasser gründlich abschrubben, unschöne Stellen sparsam wegschneiden. Die Knollen in etwa 2 cm große Würfel schneiden.
● Die Brühe in einem Topf zum Kochen bringen und den gewürfelten Topinambur darin ca. 8 Minuten weich garen.
● Den Topfinhalt in den Mixer füllen, Rapsöl dazugeben und alles pürieren. Den Kerbel dazugeben und alles noch einmal kräftig durchmixen.

Petersilie mit Kerbel und Sauerampfer

Hier halten sich drei Kräuteraromen die Waage: herbe Petersilie, süßlicher Kerbel und Sauerampfer. Was sie vereint? Sie sind wahre Vitamin- und Mineralstoffbomben.

300 g Knollensellerie • 600 ml Gemüsebrühe
3 Handvoll Petersilie • 1–2 Handvoll Kerbel
½ Handvoll Sauerampfer • frisch gemahlener Pfeffer
Salz (nach Geschmack)

Fürs Topping: Petersilie, zarte Kerbelblättchen, Sauerampfer, Sellerie-grün – alles grob gehackt und mit gerösteten Pinienkernen bestreut

● Den Knollensellerie schälen, waschen und in etwa 2 cm große Würfel schneiden. Die Gemüsebrühe in einem Topf zum Kochen bringen. Die Hitze reduzieren und die Selleriewürfel bei geschlossenem Deckel 5 Minuten weich garen.
● Währenddessen Petersilie, Kerbel und Sauerampfer waschen und trocken schwenken. Die Blättchen von der Petersilie zupfen, beim Kerbel die festen Stiele abschneiden.
● Sellerie und Brühe in den Mixer geben und pürieren. Die Kräuter dazugeben und alles nochmals kräftig durchmixen. Mit frisch gemahlenem Pfeffer und eventuell etwas Salz würzen.

Thai-Basilikum mit Spargel

Bei Spargel denkt man ja oft erst mal an gute deutsche Regional-
küche. Dabei schmeckt er mit ein bisschen Asia-Kick genauso gut.

1 Bund grüner Spargel (500 g) ● *2 Knoblauchzehen*
1 große Handvoll Thai-Basilikum ● *1 EL Kokosöl*
600 ml Gemüsebrühe ● *1 haselnussgroßes Stück Ingwer*
etwas frischen roten Chili (je nachdem, wie scharf es sein soll)

Fürs Topping: grob gehacktes Thai-Basilikum und geröstete Kokoschips

● Den Spargel waschen und die holzigen Enden abschneiden. Die
Köpfchen abtrennen und die Stiele in etwa 4 cm lange Stücke
schneiden. Den Knoblauch schälen und würfeln. Thai-Basilikum
waschen, trocken schwenken und die Blättchen abzupfen.
● In einem Topf das Kokosöl erhitzen und den Knoblauch darin
anschwitzen. Die Gemüsebrühe angießen und zum Kochen bringen. Die Hitze reduzieren, die klein geschnittenen Spargelstiele zugeben und bei geschlossenem Deckel 4 Minuten leise köcheln lassen. Die Spargelköpfe hinzufügen und noch 1 Minute mitgaren.
Währenddessen den Ingwer schälen und würfeln.
● Den Topfinhalt in den Mixer umfüllen und pürieren. Chili, Ingwer und Thai-Basilikum zufügen und nochmals alles durchmixen.

Kohl-Soupies

Unter botanischen Gesichtspunkten betrachtet gehören Blumen-, Grün-, Rosen- und Weißkohl sowie Wirsing und Brokkoli zwar zu einer Gattung. Kulinarisch können zwischen ihnen aber Welten liegen. Was sie trotzdem vereint: Sie sind alle sehr reich an Vitaminen und Mineralstoffen. Ein weiterer Vorteil: Weil es so viele Sorten gibt, hat Kohl das ganze Jahr über Saison. Und günstig ist er noch dazu – auch weil beim Putzen kaum Abfall entsteht.

Bei Grünkohl zum Beispiel werden lediglich die einzelnen Blätter abgelöst und gründlich gewaschen. Dann sollte man den Stielansatz abschneiden und das Blatt quer in Streifen schneiden.

Wirsing, der optisch und geschmacklich dem Grünkohl recht nahe kommt, wird ähnlich vorbereitet. Der Strunk kann in der Regel dranbleiben, nur bei den äußersten Blättern ist er manchmal so hart, dass man den Ansatz besser keilförmig herausschneidet.

Noch einfacher ist die Vorbereitung bei Weiß- und Spitzkohl, bei denen man nur die außen liegenden, unansehnlichen Blätter abzieht und den Kopf anschließend viertelt (dabei wird gleich wieder der Strunk keilförmig herausgeschnitten) und quer in feine Streifen schneidet. Reste von Kohlköpfen halten sich in Frischhaltefolie gewickelt im Kühlschrank etwa eine Woche.

Beim Rosenkohl wird der trockene Strunkansatz abgeschnitten, eventuell unansehnliche Blätter werden entfernt und das Köpfchen dann je nach Größe halbiert oder geviertelt. Zu viel gekauft? Ungeputzt und ungewaschen bleibt Rosenkohl im Gemüsefach etwa fünf Tage frisch.

Blumenkohl und Brokkoli sind im Geschmack deutlich feiner als ihre »ruppigen« Verwandten und auch leichter verdaulich als diese, erst recht, wenn man sie kurz gart. Daher kommen sie oft auch bei denjenigen Leuten auf den Teller, die Kohl aufgrund seines ausgeprägten Aromas sonst nicht so gern mögen, und sind für Kohl-Soupie-Einsteiger die erste Wahl.

Bevor sie in den Topf wandern, werden sie in Röschen geteilt. Vom Strunk schneidet man nur das trockene Ende ab, der Rest wird klein gewürfelt mitgegart. Das, was man gerade nicht braucht, kommt in ein feuchtes Tuch gewickelt ins Gemüsefach des Kühlschranks, wo es zwei bis drei weitere Tage frisch bleibt.

Oder man teilt gleich alles in Röschen, wäscht diese kurz, friert die, die man nicht gleich benötigt, portionsweise ein und gibt sie beim nächsten Mal einfach unaufgetaut in die Brühe. Es dauert dann nur einen Moment länger, bis das Gemüse gar ist. Weil das so gut klappt, kann man für den Soupie auch mal »konventionelle« TK-Ware benutzen.

Und noch ein Tipp: Schon durch das Garen sinkt die Wahrscheinlichkeit für Blähungen. Wer diesbezüglich bei Kohl empfindlich ist, kann zusätzlich noch mit Gewürzen gegensteuern. Mit Kümmel- oder Fenchelsamen zum Beispiel. Das würde theoretisch auch bei Smoothies funktionieren. Aber dort passt dieser Geschmack nicht unbedingt. Bei den würzigen Soupies dagegen kann er das Aroma sogar noch unterstreichen beziehungsweise abrunden. Auch manche frische Kräuter haben eine blähungsmindernde Wirkung, zum Beispiel Petersilie und Minze. Probieren Sie einfach aus, was Ihnen am besten schmeckt und bekommt.

Blumenkohl mit Curry, Koriander und Petersilie

Ein paar Kräuter genügen, um aus dem blassen Kohl ein grünes Süppchen zu zaubern – mit ganz viel Vitamin C und Kalium.

1 kleiner Blumenkohl (ca. 350 g) ● *1 Zwiebel*
1 EL Kokosöl ● *1 TL Currypulver*
500 ml Gemüsebrühe ● *je ½ Handvoll frischer Koriander und Petersilie*
etwas Zitronensaft

Fürs Topping: winzige, rohe Blumenkohlröschen,
grob gehackter Koriander und Petersilie, Kokoschips

● Den Blumenkohl putzen, waschen und in Röschen teilen. Den Strunk nicht wegwerfen, sondern klein würfeln. Falls frische Blättchen um den Kohl sind, ein paar davon waschen und beiseitelegen. Die Zwiebel schälen und würfeln.

● In einem Topf das Kokosöl erhitzen. Die Zwiebel darin anschwitzen, mit Currypulver bestäuben und dieses kurz anrösten. Die Brühe angießen und zum Kochen bringen. Den Blumenkohl zufügen, die Hitze reduzieren und alles bei geschlossenem Deckel etwa 5 Minuten garen.

● In der Zwischenzeit die Kräuter waschen, trocken schwenken und die Blättchen abzupfen.

● Den Inhalt des Topfes in den Mixer umfüllen und pürieren. Die Kräuter zugeben und nochmals kräftig durchmixen. Mit ein paar Spritzern Zitronensaft abschmecken.

Romanesco pur

Dieses wunderschöne Gemüse schmeckt im Grunde wie Blumen-kohl, hat aber eine viel schönere Farbe.

1 kleiner Romanesco (ca. 350 g) ● *500 ml Gemüsebrühe*
1 EL Olivenöl ● *1–2 Msp. Zimt*

Fürs Topping: couscousartige Brösel vom Romanesco

● Den Romanesco waschen und putzen. ⅓ davon auf der Gemüse-reibe in couscousartige Brösel reiben. Den Rest in kleine Röschen teilen. Den Strunk nicht wegwerfen, sondern ebenfalls klein wür-feln. Falls frische Blättchen um den Kohl sind, ein paar davon wa-schen und beiseitelegen.

● Die Gemüsebrühe in einem Topf zum Kochen bringen. Die Ro-manesco-Röschen und den zerkleinerten Strunk zugeben, die Hitze reduzieren und den Kohl bei geschlossenem Deckel etwa 5 Minu-ten garen.

● Währenddessen in einer Pfanne das Olivenöl erhitzen und die Hälfte des geriebenen Romanescos darin unter mehrfachem Wen-den rösten.

● Den Inhalt des Topfes in den Mixer umfüllen, eventuell die Kohlblättchen hinzufügen und alles pürieren. Mit Zimt abschme-cken. Zum Schluss den rohen und den gerösteten »Romanesco-Couscous« als Topping aufstreuen.

Tipp *Dieses Rezept funktioniert auch mit Blumenkohl. Der Soupie ist dann nur nicht so schön grün. Für mehr Farbe kann man aber ½ Handvoll Basilikum mit in den Mixer geben.*

Brokkoli mit Ingwer

Ein bisschen Ingwer und Chili – viel mehr braucht Brokkoli eigentlich nicht. Denn supergesund ist er schon selbst.

400 g Brokkoli ● *400 ml Gemüsebrühe*
1 haselnussgroßes Stück Ingwer
etwas frischen roten Chili (je nachdem, wie scharf es sein soll)
1–2 EL Zitronensaft ● *Salz (nach Geschmack)*

Fürs Topping: rohe Brokkoliröschen, Petersilie, Cashewkerne
oder geröstete Erdnüsse (ohne Salz) – alles grob gehackt

● Den Brokkoli putzen, waschen und in Röschen teilen. Den Strunk in kleine Würfel schneiden.
● Die Brühe in einem Topf zum Kochen bringen. Den Brokkoli zufügen, die Hitze reduzieren und bei geschlossenem Deckel 8 Minuten weich garen. Währenddessen den Ingwer in sehr kleine Würfel schneiden oder reiben.
● Brokkoli und Brühe in den Mixer umfüllen und pürieren. Ein paar frische Chiliringe sowie den Ingwer zugeben und nochmals alles durchmixen. Mit Zitronensaft und, falls nötig, etwas Salz abschmecken.

Brokkoli mit gelben Linsen

Dieser Soupie macht wegen der Linsen besonders satt, wird aber auch schnell zu sämig. Wer das nicht mag, gibt nach dem Pürieren einfach noch etwas mehr Brühe zu.

200 g Brokkoli ● *50 g gelbe Linsen*
½ Zwiebel ● *1 Knoblauchzehe*
1 kleine Handvoll Basilikum ● *1 EL Rapsöl*
500 ml Gemüsebrühe ● *½ TL Garam Masala*

Fürs Topping: rohe Brokkoliröschen, Basilikum –
beides grob gehackt – und Linsensprossen

● Den Brokkoli putzen, waschen und in Röschen teilen. Den Strunk in kleine Würfel schneiden. Die Linsen in einem Sieb gründlich abspülen und abtropfen lassen. Zwiebel und Knoblauch schälen und würfeln. Basilikum abbrausen, trocken schütteln und die Blättchen abzupfen.

● In einem Topf das Öl erhitzen. Zwiebel und Knoblauch kurz darin anschwitzen, dann die Linsen zugeben und die Brühe angießen. Einmal aufkochen lassen, die Hitze reduzieren und die Linsen bei geschlossenem Deckel 7 Minuten sanft köcheln lassen. Den Brokkoli zugeben und alles weitere 8 Minuten garen lassen.

● Brokkoli, Linsen und Brühe in den Mixer geben und pürieren. Basilikumblättchen und Garam Masala zufügen und alles noch einmal kurz durchmixen.

Brokkoli mit Möhre und Curry

Diese beiden Gemüse haben das ganze Jahr über Saison. Weil sie relativ neutral schmecken, kann man sie immer wieder neu würzen. Zum Beispiel mit Curry. Der heizt dem Stoffwechsel ein.

200 g Brokkoli ● *200 g Möhren*
½ Zwiebel ● *1 Knoblauchzehe*
1 Handvoll Petersilie ● *1 EL Kokosöl*
1 TL Currypulver ● *400 ml Gemüsebrühe*

Fürs Topping: Petersilie, rohe Brokkoliröschen – beides grob gehackt –
und geröstete Kokoschips

● Den Brokkoli putzen, waschen und in Röschen teilen. Den Strunk in kleine Würfel schneiden. Die Möhren putzen, schälen und in etwa 1 cm große Würfel schneiden. Zwiebel und Knoblauch schälen und würfeln. Petersilie unter kaltem Wasser abbrausen, trocken schwenken und die Blättchen abzupfen.
● In einem Topf das Kokosöl erhitzen. Zwiebel und Knoblauch darin anschwitzen. Mit Currypulver bestäuben, die Gemüsebrühe angießen und einmal aufkochen. Den Brokkoli zugeben, die Hitze reduzieren und bei geschlossenem Deckel 5 Minuten leise simmern lassen. Die Karottenwürfel zufügen und alles noch weitere 2 Minuten garen.
● Den Topfinhalt in den Mixer umfüllen und pürieren. Die Petersilienblättchen zugeben und noch mal kräftig durchmixen.

Chinakohl mit Ingwer

Chinakohl ist so mild, dass manche ihn sogar als Salat essen. Damit er in der Brühe nicht zu fad wird, kommen Chili und Ingwer dazu.

600 g Chinakohl ● 2 große Frühlingszwiebeln
2 Knoblauchzehen ● 1 haselnussgroßes Stück Ingwer
1 EL Erdnussöl ● 400 ml Gemüsebrühe
etwas frischen roten Chili (je nachdem, wie scharf es sein soll)
etwas Limettensaft

Fürs Topping: feine Streifen Chinakohl, gehacktes Thai-Basilikum, Soja- oder Alfalfasprossen und geröstete Kokoschips oder gehackte Erdnüsse

● Den Chinakohl putzen und waschen. Den unteren Teil der Blätter in feine, den oberen in breitere Streifen schneiden. Frühlingszwiebeln und Knoblauch schälen und in Ringe beziehungsweise Scheiben schneiden. Ingwer schälen, die Hälfte grob hacken.

● Das Erdnussöl in einem Topf erhitzen. Frühlingszwiebeln, Knoblauch und gehackten Ingwer darin anschwitzen. Die Brühe angießen und zum Kochen bringen. Chinakohl zufügen. Den Deckel auf den Topf setzen, die Hitze reduzieren und den Kohl auf kleiner Flamme 5 Minuten garen.

● Den Inhalt des Topfes in den Mixer umfüllen, Chili zufügen und pürieren. Mit etwas Limettensaft abschmecken. Nicht zu viel, es soll nur eine leicht säuerliche Note sein.

Weißkohl mit Majoran und Petersilie

Weißkohl ist vermutlich die »unspektakulärste« unter allen Kohlsorten. Dabei braucht er nur die richtigen Gewürze …

½ Weißkohl (ca. 350 g) ● *1 Zwiebel*
1 EL Erdnussöl ● *½ TL Kreuzkümmel*
½ TL Koriandersamen ● *1 TL Kurkuma*
500 ml Gemüsebrühe ● *¼–½ Handvoll Majoran (nach Geschmack)*
¼ Handvoll Petersilie ● *Salz (nach Geschmack)*

Fürs Topping: Frühlingszwiebel, Petersilie, getrocknete Tomaten und geröstete Erdnüsse (ohne Salz) – alles grob gehackt

● Weißkohl putzen, waschen, vierteln und in schmale Streifen schneiden. Die Zwiebel schälen und würfeln.
● In einem Topf das Erdnussöl erhitzen und die Zwiebel darin anschwitzen. Kreuzkümmel, Koriandersamen und Kurkuma zugeben, kurz mitrösten, dann die Brühe angießen und zum Kochen bringen. Kohl hinzufügen und bei geschlossenem Deckel und auf mittlerer Flamme 5 Minuten garen.
● Währenddessen Majoran und Petersilie waschen, trocken schwenken und die Blättchen abzupfen.
● Kohl, Brühe und Gewürze in den Mixer umfüllen und pürieren. Die Kräuter zufügen und alles nochmals kräftig durchmixen. Nach Bedarf mit etwas Salz nachwürzen.

Rosenkohl mit Mandel

Mandeln nehmen Rosenkohl die Strenge und machen ihn *gaaanz* mild. Nebenbei sind sie ein echtes Superfood und reich an ungesättigten Fettsäuren, Vitamin E, Magnesium und Kupfer.

500 g Rosenkohl ● *600 ml Gemüsebrühe*
3 EL weißes Mandelmus ● *1 EL Agavendicksaft*

Fürs Topping: kurz blanchierte Rosenkohlblätter, Rosenkohl-Chips, geröstete Mandelblättchen, Thymianblättchen und -blüten

● Den Rosenkohl waschen. Den kurzen Strunk abschneiden und unschöne äußere Blätter entfernen. Die geputzten Röschen dann je nach Größe halbieren oder vierteln.
● Die Gemüsebrühe in einem Topf zum Kochen bringen. Blumenkohlröschen zufügen, wenn die Brühe wieder kocht, die Hitze reduzieren und den Kohl bei geschlossenem Deckel in etwa 8 Minuten weich garen.
● Rosenkohl und Brühe in den Mixer geben und pürieren. Mandelmus und Agavendicksaft zufügen und alles nochmals kurz durchmixen.

Grünkohl mit Spinat

Zwei Superfoods in einem Topf!

300 g Grünkohl ● *150 g Spinat (am besten den herberen Wurzelspinat)*
1 Zwiebel ● *1 EL Rapsöl*
700 ml Gemüsebrühe ● *1–2 EL Zitronensaft*
Cayennepfeffer ● *Salz (nach Geschmack)*
2 TL Olivenöl

Fürs Topping: grob gehackter Spinat, fein geschnittener Grünkohl, abgeriebene Zitronenschale und geröstete Sonnenblumenkerne

● Den Grünkohl gründlich waschen, putzen und in Streifen schneiden. Den Spinat waschen und putzen. Die Zwiebel schälen und würfeln.

● In einem Topf das Rapsöl erhitzen und die Zwiebel darin anschwitzen. Grünkohl zugeben und unter Rühren kurz mitbraten, bis sich ein leichtes Röstaroma entwickelt. Die Brühe angießen, zum Kochen bringen, die Hitze reduzieren und den Kohl bei geschlossenem Deckel 4 Minuten garen. Spinat zugeben und alles noch 1–2 Minuten weiter köcheln lassen.

● Gemüse und Brühe in den Mixer geben und pürieren. Mit Zitronensaft, Cayennepfeffer und eventuell etwas Salz würzen. Auf Schüsseln verteilen und mit je 1 TL Olivenöl beträufeln.

Grünkohl asiatisch

Grünkohl mit Ingwer statt Pinkel. Klingt ungewohnt. Schmeckt aber sehr fein.

300 g Grünkohl ● 2 Knoblauchzehen
2 Handvoll frischer Koriander ● 1 EL Kokosöl
650 ml Gemüsebrühe ● 1 haselnussgroßes Stück Ingwer
etwas frischen roten Chili (je nachdem, wie scharf es sein soll)
2 TL Chiliöl (siehe Seite 159)

Fürs Topping: fein geschnittener Grünkohl, gehackter Koriander und geröstete Erdnüsse (ohne Salz)

● Den Grünkohl gründlich waschen, putzen und in Streifen schneiden. Den Knoblauch schälen und würfeln. Den Koriander waschen und abtropfen lassen.

● In einem Topf das Kokosöl erhitzen und den Knoblauch darin anschwitzen. Die Brühe angießen, zum Kochen bringen, den Grünkohl zufügen, die Hitze reduzieren und den Kohl bei geschlossenem Deckel 6 Minuten garen.

● Währenddessen den Ingwer schälen und würfeln. Die Blättchen vom Koriander abzupfen.

● Grünkohl und Brühe in den Mixer geben, Chili und Ingwer zufügen und alles pürieren. Die Korianderblättchen hinzufügen und das Ganze ein weiteres Mal durchmixen.

Grünkohl mit Käferbohnen und Kernöl

Normalerweise übertüncht Kürbiskernöl schnell alle anderen Aromen. Hier nicht. Außerdem passt es gut zu den Käferbohnen.

200 g Grünkohl ● *1 Zwiebel*
2 EL Käferbohnen aus der Dose (ca. 50 g; ersatzweise weiße Bohnen)
1 EL Rapsöl ● *400 ml Gemüsebrühe*
frisch gemahlener Pfeffer ● *Salz (nach Geschmack)*
1 TL Kürbiskernöl

Fürs Topping: fein gehackter Grünkohl, klein geschnittene Käferbohnen und geröstete Kürbiskerne

● Den Grünkohl gründlich waschen, putzen und in Streifen schneiden. Die Zwiebel schälen und würfeln. Käferbohnen in einem Sieb unter klarem Wasser abspülen und abtropfen lassen.
● In einem Topf das Rapsöl erhitzen und die Zwiebel darin anschwitzen. Die Brühe angießen, zum Kochen bringen, Grünkohl zugeben, die Hitze reduzieren und den Kohl bei geschlossenem Deckel 5–6 Minuten garen.
● Brühe und Kohl mit den abgetropften Bohnenkernen in den Mixer geben und pürieren. Abschmecken. In Schälchen füllen und mit je ½ TL Kürbiskernöl beträufeln.

Wirsing mit Pastinake

Wintergemüse in Bestform. Das Beeren-Topping setzt dem Ganzen die Krone auf.

200 g Pastinaken ● 200 g Wirsing
400 ml Gemüsebrühe ● ½ TL Kümmel
Salz ● 2 TL Walnussöl

Fürs Topping: Petersilie, geröstete Walnüsse und Cranberries –
alles grob gehackt

● Pastinaken schälen und in Scheiben schneiden. Vom Wirsing die einzelnen Blätter ablösen. Den harten Ansatz der Blattrippe herausschneiden und den Rest der Blätter in schmale Streifen schneiden.
● Die Gemüsebrühe zum Kochen bringen. Pastinaken, Wirsing und Kümmel zugeben, die Hitze reduzieren und das Gemüse bei geschlossenem Deckel 8 Minuten garen.
● Alles im Mixer pürieren und eventuell mit etwas Salz nachwürzen. In Schälchen füllen und je 1 TL Walnussöl aufträufeln.

Rote Soupies

Rot hat Power. Es wirkt vitalisierend und regt den Stoffwechsel an. Bloße Farbtheorie? Mitnichten. Auch rotes Gemüse ist echtes Superfood – vor allem, wenn es wie bei den Soupies vorher sanft gegart wurde. Dann kann der Körper die Carotine darin nämlich am besten verwerten.

Rote-Bete-Soupies

Die dunkelroten Knollen sind ein ideales Soupie-Gemüse: Viele Vitalstoffe, intensiver Geschmack, und dann wird die Suppe auch noch von ganz allein schön smoothig. Was will man mehr?

Bevor die Rote Bete in den Topf kann, muss sie aber geschält werden. Und das ist tückisch. Denn ihr Saft färbt die Hände im Nu; und wenn man ihn nicht gleich abwäscht, auch ziemlich dauerhaft. Theoretisch kann man sich damit sogar die Haare färben. Dementsprechend lassen sich Flecken auf der Kleidung nur schwer wieder entfernen, manchmal auch gar nicht. Hier lohnt es sich tatsächlich, eine Schürze zu tragen. Und für die Hände Einweghandschuhe, wie man sie aus dem Erste-Hilfe-Koffer kennt. Die sind in der Küche überhaupt praktisch. Beim Chili- und Knoblauchschneiden zum Beispiel, beim Durchkneten von klebrigen Teigen und anderen Massen (für Fleischesser auch bei der Zubereitung von Hackfleisch und Hähnchen).

Rote Bete gibt es auch schon küchenfertig vorgegart in der Gemüseabteilung des Supermarkts. Damit geht es zwar etwas schneller. Aber zweimal gekocht bedeutet auch zweimal Vitaminverlust und somit unterm Strich weniger gesundes Essen. Außerdem ist das Aroma von frischen Beten einfach nicht damit zu vergleichen. Und so viel Arbeit macht das Schälen dann nun auch wieder nicht.

Tipp *Sind noch Blätter an den Roten Beten, wandern die schönsten davon am besten immer mit in den Mixer. Im Supermarkt gibt es nur die »nackten« Knollen? Macht nichts. Dann kann man alternativ einfach eine Handvoll Weißkohlblätter mitpürieren.*

Rote Bete mit Ingwer

Zwei Superfoods, zwei tolle Aromen. Wer toppt hier wen? Keiner, denn zusammen sind beide unschlagbar.

1 große Rote Bete mit Grün (ca. 450 g) ● 450 ml Gemüsebrühe
1 haselnussgroßes Stück Ingwer (oder mehr)
1–2 TL Sojasauce (nach Geschmack) ● 1 EL Rapsöl

Fürs Topping: Bete-Grün und Thai-Basilikum – beides grob gehackt

● Rote Bete schälen und in kleine Würfel schneiden. Dabei am besten Einweghandschuhe tragen. 1 Handvoll knackiges Bete-Grün waschen und beiseitelegen.
● Die Gemüsebrühe in einem Topf zum Kochen bringen, die Hitze reduzieren, die Rote Bete zufügen und bei geschlossenem Deckel 5 Minuten sanft köcheln lassen. Währenddessen den Ingwer schälen und in kleine Würfel schneiden oder reiben.
● Die gegarte Rote Bete mit der Brühe in den Mixer geben und pürieren. Rote-Bete-Grün und Ingwer dazugeben und nochmals kräftig durchmixen. Wer mag, kann alles zum Schluss mit Sojasauce verfeinern, sie gibt dem Soupie eine feine rauchige Note. Zum Schluss das Öl unterrühren.

Rote Bete mit Mohn und Zitrone

Mohn passt gut zur erdigen Roten Bete. Zitrone sorgt für die ausgleichende Frische.

1 große Rote Bete mit Grün (ca. 450 g) ● *½ Stange Lauch*
500 ml Gemüsebrühe ● *1 Hand voll Petersilie*
1 EL Mohn ● *1 TL Rapsöl*
etwas Zitronensaft ● *Salz (nach Geschmack)*

Fürs Topping: Frühlingszwiebelringe, Petersilie,
abgeriebene Zitronenschale und geriebener Mohn

● Rote Bete schälen und in kleine Würfel schneiden. Dabei am besten Einweghandschuhe tragen. 1 Handvoll Grün waschen und beiseitelegen. Lauch waschen, putzen und in Ringe schneiden. In einem Topf die Brühe zum Kochen bringen, das Gemüse zufügen, die Hitze reduzieren und alles bei geschlossenem Deckel 5 Minuten sanft köcheln lassen.
● Währenddessen die Petersilie waschen, trocken schütteln und die Blättchen abzupfen.
● Das gegarte Gemüse mit der Brühe in den Mixer geben und pürieren. Bete-Grün, Petersilie, Mohn und Rapsöl zufügen und noch mal alles durchmixen. Mit etwas Zitronensaft verfeinern, eventuell noch leicht salzen.

Rote Bete mit Meerrettich

Milde Knolle plus scharfe Wurzel, dazu ein nussiges Öl: So stimmen die Komponenten.

1 Rote Bete mit Grün (ca. 450 g) ● *450 ml Gemüsebrühe*
1 TL Koriandersamen ● *1 TL Kernöl*
1–2 TL frisch geriebener Meerrettich
(je nachdem, wie scharf es sein soll)

Fürs Topping: fein geschnittenes Bete-Grün, Kresse und Alfalfasprossen

● Rote Bete schälen und in kleine Würfel schneiden. Dabei am besten Einweghandschuhe tragen. 1 Handvoll schönes Grün waschen und beiseitelegen.

● In einem Topf die Gemüsebrühe zum Kochen bringen. Koriander und gewürfelte Rote Bete zugeben, Deckel aufsetzen, die Hitze reduzieren und die Bete in 5 Minuten weich garen.

● Bete und Brühe in den Mixer umfüllen und pürieren. Das Bete-Grün zugeben und alles nochmals kurz durchmixen. Auf Schälchen verteilen, jeweils ½ TL Kernöl aufträufeln und mit je ½–1 TL frisch geriebenem Meerrettich bestreuen.

Tipp *Es dauert ein bisschen, bis sich das Meerretticharoma ausbreitet. Deshalb erst mal nicht zu viel davon nehmen, sonst wird es schnell mal zu scharf.*

Rote Bete mit Weißkohl

Klassische Bete-Kombi. Kennt man auch als »Borschtsch«.

1 Rote Bete (ca. 300 g) ● ½ kleiner Weißkohl (ca. 300 g)
500 ml Gemüsebrühe ● ½ TL Kümmel
1 Handvoll Dill ● 2 TL Olivenöl

Fürs Topping: Bete-Grün und Weißkohl –
beides fein geschnitten – und Dillspitzen

● Rote Bete schälen und in kleine Würfel schneiden. Dabei am besten Einweghandschuhe tragen. Vom Weißkohl die äußeren unschönen Blätter entfernen und den Rest in schmale Streifen schneiden.

● In einem Topf die Gemüsebrühe zum Kochen bringen. Kümmel und Rote Bete zugeben, Deckel aufsetzen und die Hitze reduzieren. Nach 3 Minuten den Kohl zufügen und alles noch weitere 2 Minuten leise vor sich hin köcheln lassen. Währenddessen den Dill abbrausen, trocken schwenken und die dicken Stiele abzwicken.

● Gemüse und Brühe in den Mixer geben und pürieren. Den Dill zugeben und alles nochmals kurz durchmixen. Auf Teller verteilen und mit Olivenöl beträufeln.

Paprika-Soupies

Gemüse, das man stückweise verwerten kann, ist immer praktisch, weil man es nur beim Einkaufen abwiegen muss und zu Hause nichts übrig bleibt, was dann Platz im Kühlschrank wegnimmt.

Schon das ist ein Pluspunkt für Paprika. Der nächste: Das Vorbereiten geht ganz schnell. Vor dem Kochen muss man die Schote nur putzen: gründlich waschen (vor allem wenn es keine Bio-Paprika ist), halbieren, den Stielansatz herausschneiden, die innenliegenden weißen Stege und Kernchen entfernen. Die Schale kann dranbleiben, sie wird beim Kochen weich und später mitpüriert.

Besonders rote Paprikaschoten eignen sich für einen Soupie, denn sie enthalten die meisten Vitalstoffe, allen voran Vitamin C. Was davon durch die Hitze zerstört wird, kann man ganz leicht wieder ausgleichen, indem man am Schluss einen Esslöffel winzig gehackte rohe Paprikawürfelchen auf den Soupie streut. Oder ihn mit etwas frisch gepresstem Orangensaft verfeinert. Oder mit frisch gehackter Petersilie. Die passt hervorragend zur eher süßlichen Paprika.

Ein ganz besonderes Aroma bekommt das Ganze, wenn man die Paprikaschoten erst einmal röstet. Wie es geht, lesen Sie auf Seite 135. Es lohnt sich, gleich ein paar Paprika mehr zu rösten. Nach dem Schälen wird das Fruchtfleisch in Streifen geschnitten und mit reichlich Knoblauch, etwas Meersalz und frisch gemahlenem Pfeffer in ein Schüsselchen geschichtet. Olivenöl drüber und mindestens einen halben Tag ziehen lassen. In einem Schraubglas hält sich das Ganze dann bis zu einer Woche. Allerdings muss immer alles mit Öl bedeckt sein. Schmeckt einfach so als Antipasto oder als Basis für einen weiteren Soupie (dann die Stücke gut abtropfen lassen und auf das Öl beim Kochen verzichten).

Paprika mit Fenchel

Hier haben zwei wirkliche Betacarotin- und Vitamin-C-Spender zusammengefunden.

1–2 rote Paprikaschoten (250 g)
½ Fenchelknolle mit viel Grün (100 g) ● *300 ml Gemüsebrühe*
frisch gemahlener weißer Pfeffer ● *2 TL Olivenöl*

Fürs Topping: zartes Fenchelgrün und grob gemörserter weißer Pfeffer

● Paprika und Fenchel waschen, putzen und in Würfel schneiden – die Fenchelstücke sollten etwas kleiner sein als die Paprika, damit sie gleichzeitig gar werden. Das zarte, aber aromatische Fenchelgrün waschen und beiseitelegen.
● Die Gemüsebrühe in einem Topf zum Kochen bringen. Paprika- und Fenchelwürfel zugeben und bei geschlossenem Deckel 5–7 Minuten leise köcheln lassen.
● Das Gemüse mit der Brühe in den Mixer geben und pürieren. Fenchelgrün hinzufügen und nochmals kräftig durchmixen. Mit reichlich frisch gemahlenem weißen Pfeffer würzen. Auf Schälchen verteilen und mit je 1 TL Olivenöl beträufeln.

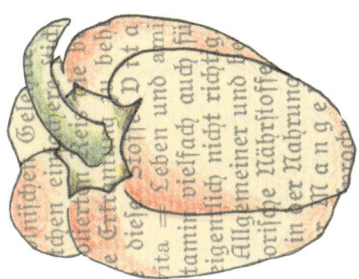

Paprika mit Weißkohl und Tomate

Fruchtige rote Paprika und deftiger Weißkohl geht nicht? Geht doch. Und wie!

1–2 rote Paprikaschoten (250 g) ● 100 g Weißkohl
1 Tomate (80 g) ● ½ rote Zwiebel
1 kleine Knoblauchzehe ● ½ Handvoll Petersilie
1 EL Rapsöl ● 300 ml Gemüsebrühe
frisch gemahlener schwarzer Pfeffer

Fürs Topping: feine Weißkohlstreifen und grob gehackte Petersilie

● Paprika waschen, putzen und in grobe Würfel schneiden. Den Weißkohl waschen und in schmale Streifen schneiden. Tomate waschen, putzen und achteln. Zwiebel und Knoblauch schälen und würfeln. Die Petersilie abbrausen, trocken schwenken und die Blättchen abzupfen.

● In einem Topf das Rapsöl erhitzen. Zwiebel, Knoblauch und Weißkohl zugeben und unter Rühren etwa 1 Minute andünsten. Die Gemüsebrühe angießen, zum Kochen bringen, dann die Paprika- und Tomatenstücke zufügen. Die Hitze reduzieren und das Gemüse bei geschlossenem Deckel in etwa 7 Minuten weich garen.

● Gemüse und Brühe in den Mixer geben und pürieren. Petersilienblättchen zufügen und alles noch mal kräftig durchmixen. Jetzt noch ein bisschen frisch gemahlenen schwarzen Pfeffer, fertig!

Paprika geröstet

Dieses Rezept braucht etwas mehr Zeit, weil die Paprika erst gegrillt werden muss. Dafür braucht sie dann nicht mehr mit in den Suppentopf, sondern kann sofort in den Mixer.

1–2 rote Paprikaschoten (250 g) ● 1 kleine Möhre (80 g)
1 kleine Stange Staudensellerie mit Grün (30 g)
300 ml Gemüsebrühe ● 2–3 Msp. geräuchertes Paprikapulver
(nach Geschmack auch mehr, ersatzweise Paprikapulver
edelsüß und scharf)

Fürs Topping: viel fein geschnittene Petersilie

● Die Paprikaschote waschen und abtrocknen. Unter dem vorgeheizten Grill von allen Seiten stark bräunen, die Haut darf fast verkohlen und ruhig Blasen werfen. Das dauert etwa 10–15 Minuten. Aus dem Ofen nehmen und in einen Gefrierbeutel geben. Den Beutel verschließen und die Paprika abkühlen lassen. Wenn man sie gut anfassen kann, herausnehmen, die Haut abziehen und das Fruchtfleisch in breite Streifen schneiden. Dabei die Kernchen entfernen. Die austretende Flüssigkeit auffangen.
● Während die Paprika abkühlt, die Möhre und den Staudensellerie waschen, putzen und in kleine Würfel schneiden. Das Selleriegrün waschen und beiseitelegen. In einem Topf die Gemüsebrühe zum Kochen bringen. Möhren- und Selleriewürfel zugeben, die Hitze reduzieren und das Gemüse bei geschlossenem Deckel 3–4 Minuten weich garen.
● Den Topfinhalt in den Mixer umfüllen, die geschälte Paprikaschote sowie den Paprikasaft dazugeben und alles pürieren. Selleriegrün und Paprikapulver hinzufügen und noch einmal kräftig durchmixen.

Möhren-Soupies

Ein ziemlich vielseitiges Gemüse, diese Möhren. Als Rohkost geknabbert oder zum Salat geraspelt, kurz gedünstet oder zu Saft gepresst – man kann einiges mit ihnen anstellen. Für eine gute Gemüsebrühe sind sie unverzichtbar, und natürlich kann man sie pur oder mit anderem Gemüse prima zu einem Soupie kochen.

Die Vorbereitung ist dabei denkbar einfach: Grün (sofern überhaupt vorhanden) wegschneiden und die Möhren schälen. Bei jungem Gemüse braucht man nicht mal das zu tun. Seine Schale ist noch nicht bitter, daher reicht es, sie gründlich zu waschen. Wer mag, kann bei Bio-Möhren, wenn alles durchpüriert ist, sogar das Grün in den Soupie geben und alles noch mal kurz kräftig durchmixen. Aber lieber nicht zu viel nehmen: Sparsam dosiert schmeckt's nach Petersilie, zu hoch schnell bitter und muffig.

Damit die Möhren nicht zu lang in der Brühe bleiben müssen, bis sie weich sind (das würde zu viel Vitalstoffe vernichten), schneidet man sie in möglichst kleine Würfel. Dazu die Möhren je nach Größe der Länge nach halbieren oder vierteln und dann in Scheibchen schneiden. Und ganz wichtig: Immer einen Schuss Öl dazugeben – entweder beim Kochen oder kurz vor dem Servieren –, sonst kann der Körper das viele Betacarotin nicht verwerten. Und das wäre schade.

Prima für unerwarteten Soupie-Hunger: Ungewaschen und ohne Grün halten sich Möhren im Gemüsefach des Kühlschranks locker einen Monat.

Möhre mit Fenchel

Zwei Gemüse, die sich wegen ihres süßlichen Aromas gut ergänzen. Und wegen der vielen Vitamine.

400 g Möhren ● 1 Fenchel mit Grün (ca. 400 g)
600 ml Gemüsebrühe ● 1 TL Anissamen
1 EL Rapsöl

Fürs Topping: fein gehacktes Fenchelgrün, gehackte Petersilie oder etwas frisches Möhrengrün und geröstete Sonnenblumenkerne

● Die Möhren putzen, schälen und in etwa 1 cm große Würfel schneiden. Den Fenchel putzen, waschen und ebenfalls klein würfeln. Das Grün waschen und beiseitelegen.

● Die Gemüsebrühe in einem Topf zum Kochen bringen. Die Hitze reduzieren, die Möhren zugeben und bei geschlossenem Deckel 2 Minuten leise köcheln lassen. Den Fenchel hinzufügen und alles noch 2 Minuten weitergaren lassen. Währenddessen die Anissamen im Mörser zerstoßen.

● Möhren, Fenchel und Brühe in den Mixer umfüllen und pürieren. Anis, Fenchelgrün und Raps-öl zugeben und alles erneut kräf-tig durchmixen.

Möhre mit Ingwer

Lieber süß, scharf oder sauer? Hier sind alle Aromen vertreten und harmonieren bestens miteinander.

400 g Möhren ● *1 rote Zwiebel*
4 getrocknete Aprikosen ● *1 EL Rapsöl*
600 ml Gemüsebrühe ● *1 haselnussgroßes Stück Ingwer*
½ Handvoll Petersilie ● *etwas Limettensaft*

*Fürs Topping: Petersilie und geröstete Erdnüsse (ohne Salz) –
beides grob gehackt*

● Die Möhren putzen, schälen und in etwa 1 cm große Würfel schneiden. Die Zwiebel schälen und ebenfalls würfeln. Die Aprikosen klein schneiden.

● Das Rapsöl in einem Topf erhitzen und die Zwiebelwürfel darin anschwitzen. Brühe angießen und aufkochen. Die Hitze reduzieren, Möhren und Aprikosen zufügen und bei geschlossenem Deckel 5 Minuten leise köcheln lassen.

● Während die Möhren garen, den Ingwer schälen und sehr fein hacken beziehungsweise reiben. Die Petersilie waschen, trocken schwenken und die Blättchen abzupfen.

● Den Inhalt des Topfes in den Mixer umfüllen und pürieren. Ingwer und Petersilie zugeben und nochmals kräftig durchmixen. Mit Limettensaft abschmecken.

Möhre mit Koriander

Hier sorgt Kreuzkümmel für leichtes Orientaroma, Zucker für eine leichte Karamellnote und Koriander für leichte Frische. Und leicht geht das Ganze auch noch.

400 g Möhren ● *1 Zwiebel*
1 Handvoll frischer Koriander ● *2 EL Rapsöl*
1 EL Vollrohrzucker ● *1 TL Kreuzkümmel*
600 ml Gemüsebrühe

Fürs Topping: Koriander und Cashewkerne –
beides grob gehackt und mit etwas schwarzem Sesam bestreut

● Die Möhren putzen, schälen und in etwa 1 cm große Würfel schneiden. Die Zwiebel schälen und würfeln. Den Koriander abbrausen, trocken schwenken und die Blättchen abzupfen.
● In einem Topf das Rapsöl erhitzen. Die gewürfelten Möhren und Zwiebeln kurz darin anschwitzen. Vollrohrzucker und Kreuzkümmel zufügen und alles unter Rühren noch kurz weiterdünsten. Die Brühe angießen und das Gemüse bei geschlossenem Deckel 5 Minuten weich garen.
● Den Topfinhalt in den Mixer umfüllen und pürieren. Die Korianderblättchen hinzufügen und alles noch mal kurz aufmixen.

Möhre mit Kokos und Mango

Karibische Möhren – oder so ähnlich.

400 g Möhren ● *1 Zwiebel*
1 EL Kokosöl ● *4 EL Kokosraspel (20 g)*
600 ml Gemüsebrühe ● *½ Mango (100 g)*
etwas frischen roten Chili (je nachdem, wie scharf es sein soll)
etwasLimettensaft

Fürs Topping: grob gehackter Koriander und Kokoschips

● Die Möhren putzen, schälen und in etwa 1 cm große Würfel schneiden. Die Zwiebel schälen und ebenfalls würfeln.
● In einem Topf das Kokosöl erhitzen. Gewürfelte Zwiebel und Kokosraspel zugeben und anschwitzen. Die Gemüsebrühe angießen und einmal aufkochen lassen. Die Hitze reduzieren, die Möhren zugeben und bei geschlossenem Deckel 5 Minuten leise vor sich hin köcheln lassen. Währenddessen die Mango schälen und würfeln.
● Den Topfinhalt in den Mixer geben und pürieren. Die gewürfelte Mango sowie ein paar kleine Ringe Chili zugeben und noch mal alles durchmixen. Mit Limettensaft fein säuerlich abschmecken.

Kürbis-Soupies

Denkt man an Kürbissuppe, wird einem automatisch wohl ums Herz. Schön warm, schön cremig, schön gelb – all das wirkt irgendwie automatisch gegen Winterblues und schlechte Laune. Und dann ist das Ganze noch gesund!

Am einfachsten gelingt ein Kürbis-Soupie mit dem Hokkaido. Zum einen ist der nicht so groß, dass man tagelang immer das gleiche Gemüse essen müsste. Wenn man trotzdem nicht gleich alles aufbraucht, kann man den Rest in Frischhaltefolie gewickelt drei bis vier Tage im Kühlschrank aufheben. Oder putzen, würfeln und einfrieren. Zum Kochen das nächste Mal dann einfach die gefrorenen Kürbisstücke in die Brühe geben. Dauert auch kaum länger.

Was beim Hokkaido noch so praktisch ist: Man kann die Schale mitkochen. Das ist gut, weil dort besonders viele sekundäre Pflanzenstoffe sitzen. Man muss den Kürbis nur gründlich waschen, vierteln (hier ist ein stabiles, scharfes Messer gefragt) und die Kerne sowie das faserige Innere herausschneiden. Außerdem ist das Fruchtfleisch weniger wassrig, das wirkt sich positiv auf die Nährstoffdichte aus. Und nicht zuletzt ist seine Farbe besonders schön.

Damit der Kürbis nicht zu lange kochen muss, schneidet man ihn am besten erst in schmale Spalten und dann in kleine Würfel. So wird er in wenigen Minuten weich und lässt sich gut pürieren.

Kürbis mit Walnuss und Orange

Orange zum Kürbis, das passt nicht nur wegen der Farbe. Die fruchtige Säure bringt ein ganz neues Aroma ins Spiel.

1 kleiner Hokkaidokürbis (600 g) ● *1 Zwiebel*
1 EL Rapsöl ● *1 TL Currypulver*
600 ml Gemüsebrühe ● *60 g Walnusskerne*
Saft von 1 Orange

Fürs Topping: gehackte Petersilie und geröstete Walnüsse

● Den Kürbis waschen und halbieren. Das faserige Innere und die Kerne herausschneiden, ebenso den Stiel- und Blütenansatz. Anschließend das Fruchtfleisch erst in schmale Spalten, dann in kleine Würfel schneiden. Die Zwiebel schälen und ebenfalls würfeln
● In einem Topf das Rapsöl erhitzen und die Zwiebelwürfel darin anschwitzen. Mit Currypulver bestäuben und unter Rühren noch 30 Sekunden weiterbraten. Dann die Brühe angießen und zum Kochen bringen. Hitze reduzieren, die Kürbisstückchen dazugeben und bei geschlossenem Deckel weich garen – das dauert je nach Größe der Würfel 5–8 Minuten.
● Den Topfinhalt in den Mixer umfüllen, die Walnusskerne dazugeben und alles pürieren. Den Orangensaft hinzufügen und alles ein letztes Mal ganz kurz durchmixen.

Kürbis mild

Zum sanften Aroma des Kürbis passen auch Gewürze, die man eher in der süßen Küche findet. Ein bisschen »Bumms« bringt dagegen das Kernöl. Damit es nicht alles überdeckt, sollte es aber nur sehr sparsam dosiert werden.

1 kleiner Hokkaidokürbis (600 g) ● *600 ml Gemüsebrühe*
4 Nelken ● *4 Pimentkörner*
½ TL Zimt ● *1 TL Kürbiskernöl*

Fürs Topping: Kresse und geröstete Kürbiskerne

● Den Kürbis waschen und halbieren. Das faserige Innere und die Kerne herausschneiden, ebenso den Stiel- und Blütenansatz. Anschließend das Fruchtfleisch erst in schmale Spalten, dann in kleine Würfel schneiden.
● Die Gemüsebrühe in einem Topf zum Kochen bringen. Hitze reduzieren, die Kürbisstückchen dazugeben und bei geschlossenem Deckel weich garen – das dauert je nach Größe der Würfel 5–8 Minuten. Währenddessen Nelken und Piment im Mörser fein zerstoßen.
● Kürbis und Brühe in den Mixer umfüllen, die gemahlenen Gewürze sowie den Zimt zugeben und alles fein pürieren. In Schälchen geben und mit je ½ TL Kürbiskernöl beträufeln.

Kürbis mit Kokos und Ingwer

Kürbis und Kokos, das kann leicht zu mild werden, deshalb kommt hier Harissa dazu, eine scharfe arabische Würzpaste. Man bekommt sie in orientalischen Gemüseläden, im Bioladen und immer öfter auch in der Spezialitätenabteilung des »normalen« Supermarkts.

1 kleiner Hokkaidokürbis (600 g) ● *1 Zwiebel*
1 EL Kokosöl ● *4 EL Kokosraspel (20 g)*
600 ml Gemüsebrühe ● *1 haselnussgroßes Stück Ingwer*
½–1 TL Harissapaste (je nachdem, wie scharf es sein soll)
etwas Limettensaft

Fürs Topping: gehacktes Thai-Basilikum und geröstete Kokoschips

● Den Kürbis waschen und halbieren. Das faserige Innere und die Kerne herausschneiden, ebenso den Stiel- und Blütenansatz. Anschließend das Fruchtfleisch erst in schmale Spalten, dann in kleine Würfel schneiden. Die Zwiebel schälen und ebenfalls würfeln.

● In einem Topf das Kokosöl erhitzen und die Zwiebelwürfel darin anschwitzen. Die Kokosraspel zufügen und kurz weiterrühren, bis es zu duften beginnt. Die Brühe angießen und zum Kochen bringen. Hitze reduzieren, die Kürbisstückchen dazugeben und bei geschlossenem Deckel weich garen – das dauert je nach Größe der Würfel 5–8 Minuten. Währenddessen den Ingwer schälen und fein hacken oder reiben.

● Brühe und Kürbis in den Mixer umfüllen und pürieren. Harissa und Ingwer dazugeben, noch mal kräftig durchmixen und mit ein paar Spritzern Limonensaft abschmecken.

Tomaten-Soupies

Klar, das Beste an Tomaten-Soupies ist ihr Geschmack. Aber das Zweitbeste ist, dass sie noch schneller fertig sind als andere. Man kann sie nämlich ganz einfach aus Dosentomaten kochen. Die konservierten Früchte enthalten in der Regel genauso viele Vitalstoffe wie frische Tomaten, oft sogar mehr. Das liegt daran, dass die Konserven gleich dort befüllt werden, wo die Tomaten wachsen. Und das heißt, sie können richtig ausreifen und dabei viele Vitamine, Mineralstoffe und sekundäre Pflanzenstoffe bilden. Das können Gewächshauszüchtungen mit langen Transportwegen oft nicht. Würden sie ausgereift geerntet, wären sie wohl matschig, bis sie beim Kunden ankämen.

Wer trotzdem frische Tomaten verwenden will, zum Beispiel wenn im Sommer gerade viele davon im Garten wachsen, braucht diese nur zu waschen, den Stielansatz keilförmig herauszuschneiden und das Fruchtfleisch dann grob zu würfeln. Weil ein Soupie nicht absolut samtig püriert sein muss, kann die Schale nämlich dranbleiben. Wen selbst die kleinsten Stückchen stören, der sollte die Tomaten vorher häuten. Eine Methode: Man schneidet sie kreuzweise ein, taucht sie 30 Sekunden in kochendes Wasser, lässt sie kurz abkühlen und zieht dann die Haut ab. Oder man viertelt die Tomate, legt jedes Viertel mit der Haut nach unten auf ein Schneidebrett, drückt es flach und fährt mit einem scharfen Messer zwischen Haut und Fruchtfleisch entlang. Fertig!

Tomate mit Paprika

Letscho-Soupie.

1 Zwiebel ● *1 Knoblauchzehe*
Je ½ rote und grüne Paprikaschote (à ca. 100 g)
1 EL Olivenöl ● *1 TL Tomatenmark*
1 Dose geschälte Tomaten (400 g)
1–2 TK-Brühwürze-Würfel (siehe Seite 156)

Fürs Topping: gehackte Petersilie und fein gewürfelte rote Paprikaschote

● Zwiebel und Knoblauch schälen und würfeln. Paprikaschoten waschen, putzen und in mundgerechte Stücke schneiden.

● In einem Topf das Olivenöl erhitzen und die Zwiebel- und Knoblauchstückchen darin glasig dünsten. Tomatenmark dazugeben und kurz anrösten. Tomaten, gewürfelte Paprika und Brühwürze zugeben. 100 ml Wasser in die leere Tomatendose füllen und diese vorsichtig schwenken, um alle verbliebenen Reste zu lösen. Dann das Wasser ebenfalls in den Topf geben. Alles bei geschlossenem Deckel auf kleiner Flamme 7 Minuten leise köcheln lassen.

● Das Gemüse in den Mixer geben und pürieren – am besten nicht zu fein, dann schmeckt es besonders gut.

Tomate mit Basilikum

Superklassisch, superleicht, superlecker!

1 Zwiebel ● *1 EL Olivenöl*
1½ Dosen geschälte Tomaten (600 g)
1–2 TK-Brühwürze-Würfel (siehe Seite 156)
1 TL Vollrohrzucker ● *2 Handvoll Basilikum*
Salz (nach Geschmack)

Fürs Topping: frisch gehacktes Basilikum und geröstete Pinienkerne
(oder gleich das Basilikumpesto von Seite 161)

● Die Zwiebel schälen und würfeln. In einem Topf das Olivenöl erhitzen und die Zwiebelstückchen darin glasig dünsten. Tomaten und Brühwürze zugeben. 100 ml Wasser in die leere Tomatendose füllen und diese vorsichtig schwenken, um alle verbliebenen Reste zu lösen. Dann das Wasser ebenfalls in den Topf geben. Alles bei geschlossenem Deckel auf kleiner Flamme etwa 5 Minuten leise köcheln lassen. Vollrohrzucker unterrühren.

● Das Basilikum waschen, trocken schwenken und die Blättchen abzupfen. Die Tomaten in den Mixer geben und pürieren. Basilikum dazugeben und noch mal alles kräftig durchmixen. Falls nötig, mit etwas Salz nachwürzen.

Tomate mit Oliven und Kapern

So schmeckt der Sommer! Auch im Winter.

1 Zwiebel ● 1 Knoblauchzehe
1 EL Olivenöl ● 1½ Dosen geschälte Tomaten (600 g)
1–2 TK-Brühwürze-Würfel (siehe Seite 156) ● 1 TL Vollrohrzucker
24 grüne Oliven in mediterranen Kräutern (ohne Öl, ca. 60 g)
2–3 TL Kapern

Fürs Topping: grüne Oliven in Ringen, gehackte Petersilie und Thymian-blättchen (oder gleich die Grüne-Oliven-Tapenade von Seite 162)

● Zwiebel und Knoblauch schälen und würfeln. In einem Topf das Olivenöl erhitzen und die Zwiebel- und Knoblauchwürfel darin glasig dünsten. Tomaten und Brühwürze zugeben. 150 ml Wasser in die leere Tomatendose füllen und diese vorsichtig schwenken, um alle verbliebenen Reste zu lösen. Dann das Wasser ebenfalls in den Topf geben. Alles bei geschlossenem Deckel auf kleiner Flamme etwa 5 Minuten köcheln lassen. Vollrohrzucker unterrühren.
● Die Tomaten in den Mixer geben und pürieren. Oliven und Kapern zugeben und noch einmal ganz kurz durchmixen.

Tipp *Wenn Sie nur Oliven ohne Kräuter bekommen, geben Sie einfach frische mediterrane Kräuter mit in den Mixer, zum Beispiel Majoran und Basilikum.*

Tomate mit Staudensellerie

Warme Variante der »Bloody Mary«. Ohne Wodka …

1 Zwiebel ● *2 Stangen Staudensellerie mit Grün (ca. 100 g)*
1 EL Olivenöl ● *1 Dose geschälte Tomaten (400 g)*
1–2 TK-Brühwürze-Würfel (siehe Seite 156)
Tabasco (je nachdem, wie scharf es sein soll)

Fürs Topping: grob gehacktes Selleriegrün und etwas grob zerstoßener schwarzer Pfeffer

● Die Zwiebel schälen und würfeln. Den Staudensellerie waschen, putzen und in Stücke schneiden. Das Grün abzutupfen, waschen und beiseitelegen.

● In einem Topf das Olivenöl erhitzen und die Zwiebeln darin glasig dünsten. Staudensellerie dazugeben und kurz mitdünsten. Tomaten und Brühwürze zufügen. 100 ml Wasser in die leere Tomatendose füllen und diese vorsichtig schwenken, um alle verbliebenen Reste zu lösen. Dann das Wasser ebenfalls in den Topf geben. Bei geschlossenem Deckel alles auf kleiner Flamme 7 Minuten leise köcheln lassen.

● Tomaten und Sellerie in den Mixer geben und pürieren. Das Selleriegrün dazugeben und erneut kräftig durchmixen. Mit einigen Spritzern Tabasco würzen.

Basics und Toppings

Was gehört in eine gute Gemüsebrühe? Wie kann man Suppenwür-
ze selbst machen? Und womit lässt sich ein Soupie noch so toppen?
Das kann man natürlich alles ausprobieren. Muss man aber nicht.
Man kann auch einfach weiterblättern.

Die Basis: Gemüsebrühe

Ohne Brühe geht gar nichts. Daher sollte man immer etwas davon im Haus haben – entweder frisch gekocht oder als TK-»Würfel«.

Gemüsebrühe

Gute Brühe dauert, daher kocht man am besten gleich etwas mehr. Frisch gekocht hält sie sich im Kühlschrank etwa drei Tage, portionsweise eingefroren viele Wochen. Dieses Rezept ergibt etwa 2 Liter.

1 Stange Lauch ● *2 Möhren*
1 Petersilienwurzel ● *3 Stangen Staudensellerie mit Grün*
½ kleiner Knollensellerie ● *1 Zwiebel*
1 Lorbeerblatt ● *10 Pfefferkörner*
2 EL Salz ● *1 Handvoll Liebstöckel*

● Lauch, Möhren, Petersilienwurzel und Staudensellerie waschen und putzen. Knollensellerie schälen. Alles in etwa 3 cm große Stücke schneiden. Die Zwiebel halbieren (aber nicht schälen) und mit der Schnittfläche nach unten ohne Fett in einem großen Topf anrösten. Dadurch wird die Brühe schön goldgelb. Gemüse und Selleriegrün zugeben, 2 ½ Liter Wasser angießen. Lorbeerblatt, Pfefferkörner und Salz hinzufügen. Alles zum Kochen bringen, die Hitze herunterdrehen und die Brühe bei geschlossenem Deckel und 2 ½ Stunden leise vor sich hin köcheln lassen. In den letzten 5 Minuten den Liebstöckel zugeben. Durch ein feines Sieb filtern. Die Brühe ist relativ salzig, wodurch der Soupie gleich mitgewürzt wird.

Brühwürze I

Statt Brühwürfel aus dem Päckchen nimmt man zum Nachwürzen oder für eine Ruck-zuck-Brühe lieber selbstgemachte Brühwürze aus dem Tiefkühler. Dieses Rezept ergibt die Menge für etwa eine Eiswürfelform. Pro Viertelliter Wasser braucht man einen Eiswürfel. Einfach ins kochende Wasser geben und auflösen.

25 g Staudensellerie ● *25 g Petersilienwurzel*
50 g Möhren ● *75 g Knollensellerie*
½ Zwiebel ● *1 Knoblauchzehe*
½ Handvoll Liebstöckel ● *30 g Salz*

● Staudensellerie und Petersilienwurzel waschen und putzen. Möhren, Knollensellerie, Zwiebel und Knoblauch schälen. Alles in feine Würfel schneiden und diese dann mit dem Liebstöckel im Mixer fein pürieren. Das Salz gründlich untermischen und die Masse in die Eiswürfelform füllen.

Tipp *Statt normalem Salz kann man auch Kräutersalz verwenden. Nicht gekauft, sondern ganz schnell selbst gemacht. Dazu einfach 3 EL gemischte getrocknete Kräuter (sehr gut: eine Wildkräutermischung) mit derselben Menge Meersalz vermengen und im Mörser fein zerreiben. In einem Schraubglas hält das Kräutersalz »ewig«. Es eignet sich auch gut zum Nachwürzen und Abschmecken fertiger Soupies.*

Brühwürze II

Diese Mixtur eignet sich prima zum Nachwürzen von Soupies. Weil viel Liebstöckel drin ist, das auch »Maggikraut« genannt wird, erinnert sie geschmacklich an die bekannte Flüssigwürze. Für mehr »Geschmack« reichen in der Regel 1–2 TL.

50 ml süße Sojasauce ● *1 große Handvoll Liebstöckel*

● Sojasauce mit derselben Menge Wasser und dem Liebstöckel in einem kleinen Topf zum Kochen bringen. Die Hitze reduzieren und alles ohne Deckel 5 Minuten leise vor sich hin köcheln lassen. Durch ein feines Sieb abseihen und erneut zum Kochen bringen. Kochend heiß in ein kleines »steriles« Schraubglas füllen, dieses fest zuschrauben und über Kopf abkühlen lassen. Nach dem Öffnen im Kühlschrank aufbewahren und zügig verbrauchen.

Tipp *Auch frisch gekochte Gemüsebrühe lässt sich in Gläsern lagern – und hält sich so mehrere Wochen bis Monate. Man lässt dazu die Brühe nach dem Abfiltern nochmals aufkochen und füllt sie kochend heiß bis 2 cm unter den Rand in saubere Twist-off-Gläser, schraubt diese fest zu und lässt sie kopfüber abkühlen. Wichtig: Gläser und Deckel vorher in der Spülmaschine waschen und anschließend für 15 Minuten im 150 Grad heißen Ofen »sterilisieren«.*

Würzöle

Würzöle erfüllen gleich zwei Aufgaben in einem: Sie aromatisieren, und sie liefern hochwertige Fettsäuren, ohne die der Organismus die fettlöslichen Vitamine A, D, E und K gar nicht in ausreichendem Maß verwerten kann – auch wenn ein Nahrungsmittel noch so viel davon enthält.

Natürlich können Sie Würzöle kaufen. Allerdings sind die häufig nur künstlich aromatisiert, was ganz und gar gegen den Clean-Food-Charakter von Soupies spricht. Die Lösung: selbst ansetzen. Das geht einfach, schnell und in jeder gewünschten Menge. Zum Ausprobieren die Rezepte einfach entsprechend herunterrechnen.

Die Methode ist denkbar einfach und immer gleich: Öl abmessen, in ein steriles Schraubglas (zum Beispiel ein altes Marmeladenglas) oder eine Flasche füllen, die Gewürze dazugeben und gut verschließen. Dann heißt es erst mal abwarten, denn zum Sofortverbrauch sind die Öle leider nicht gedacht. Bis die Gewürze ihre Aromen abgeben, dauert es schon mal vier Wochen. So lange muss das Glas luftdicht verschlossen und möglichst lichtgeschützt lagern. Zwischendurch kann man mal daran wackeln und alles durchschütteln, und insbesondere sollte man prüfen, ob alle Zutaten gut mit Öl bedeckt sind. Sonst fangen sie an zu schimmeln. Das kann auch passieren, wenn die Gläser nicht ganz sauber sind.

Hat man genug gewartet, gießt man das Öl durch ein feines Sieb in ein neues Gefäß und entsorgt die Gewürze. Fertig!

Chiliöl

● 1–2 kleine getrocknete rote Chilischoten in Ringe schneiden. Mit den kleinen Kernchen in 250 ml Olivenöl geben.

Zitronenöl

● 2 Bio-Zitronen heiß abwaschen, abtrocknen und mit dem Sparschäler schälen. Die Schale in 250 ml Olivenöl geben. Nach 1 Woche abfiltern.

Kümmelöl

● Je 1 TL Kümmel- und Fenchelsamen im Mörser leicht zerstoßen, um die ätherischen Öle freizusetzen, dann in 250 ml Rapsöl geben.
● Kümmel und Fenchel beugen Blähungen vor. Das Öl passt daher zum Beispiel gut zu Kohlsuppen.

Basilikum- oder Bärlauchöl

● 1 große Handvoll Basilikum oder Bärlauch waschen, sehr gründlich trocken tupfen (vom Basilikum die Blättchen abzupfen) und in Streifen schneiden. Mit 250 ml Olivenöl übergießen. Innerhalb von etwa 2 Wochen verbrauchen.
● Für den Sofortgebrauch eine entsprechend kleinere Menge Öl und Kräuter in einem hohen Gefäß mit dem Zauberstab pürieren. Bleibt etwas übrig, hält sich das Öl im Kühlschrank noch 1–2 Tage.

Pestos und Tapenaden

Mischungen aus grob gestampften oder gehackten Kräutern, Nüssen, Kernen oder Samen und Öl sind das »Patentrezept« für einen zusätzlichen Aroma-Boost. Man kann sie in den fertigen Soupie rühren oder als Topping obendrauf löffeln.

Die folgenden Rezepte ergeben jeweils etwa 60 g. Das sind ungefähr 2 EL voll. Was übrig bleibt, wird in ein sauberes Marmeladenglas gefüllt. Dann hält es im Kühlschrank noch ein paar Tage. Oder kommt in die Salatsauce. Oder unter eine Portion Nudeln. Oder auf eine geröstete Scheibe Vollkornbrot. Passt alles.

Pesto für den Soupie ist weniger fein als das klassische Nudel-Pesto. Daher nicht zu lang pürieren. Alternativ kann man die Blätter auch mit dem Messer hacken – manche feiner, manche gröber –, die Kerne im Mörser grob zerstoßen und dann alles in einem Schüsselchen mit dem Öl und den Gewürzen mischen.

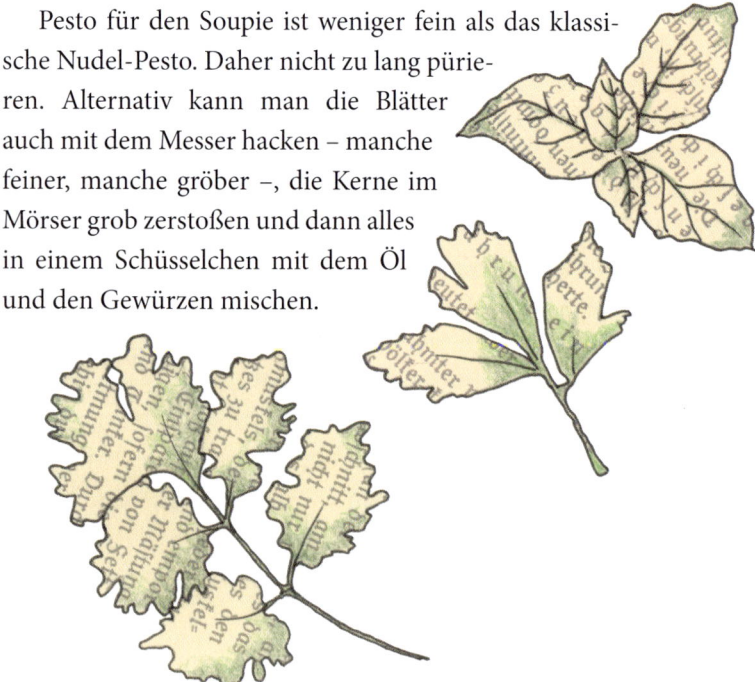

Korianderpesto

● 2 Handvoll Korianderblättchen mit 25 g Cashewkernen, 40 ml Erdnussöl, etwas frischer roter Chili (je nachdem, wie scharf es sein soll) und 1 Prise Salz mit dem Pürierstab zerkleinern.

Petersilienpesto

● 2 Handvoll Petersilienblättchen mit 40 ml Olivenöl mit dem Pürierstab zerkleinern. Die abgeriebene Schale von ½ Bio-Zitrone untermengen und mit 1 Prise Salz und grob gemörsertem weißen Pfeffer abschmecken.

Basilikumpesto

● 2 Handvoll Basilikumblätter mit ½ Knoblauchzehe und 15 g Pinienkernen (wer mag, kann diese für noch mehr Aroma vorher rösten) mit dem Pürierstab zerkleinern. Mit 1 Prise Salz und frisch gemahlenem schwarzen Pfeffer abschmecken.

Kürbiskern-Pesto

● 15 g Kürbiskerne ohne Fett in einer Pfanne rösten, bis sie zu hüpfen beginnen. Mit je 1 Handvoll Petersilie und Rucola, je 1 EL Kürbiskern- und Rapsöl, 1 Prise Salz und frisch gemahlenem Pfeffer mit dem Pürierstab zerkleinern.

Getrocknete-Tomaten-Tapenade

● 1 EL Pinienkerne in einer Pfanne ohne Fett goldbraun rösten. Dann grob hacken. 25 g getrocknete Tomaten fein würfeln. Mit den Pinienkernen sowie 1 EL Olivenöl vermengen.

Grüne-Oliven-Tapenade

● 25 g entsteinte grüne Oliven in mediterranen Kräutern fein hacken. Mit 1 EL gehackten Pistazien, etwas frischer roter Chili (je nachdem, wie scharf es sein soll) und 1 EL Olivenöl vermengen.

Tipp *Sesamsalz oder Gomasio ist »Topping fürs Topping«. Je 1 TL weißen und schwarzen Sesam ohne Fett in einer Pfanne rösten, bis die Körnchen zu hüpfen beginnen. Dann mit 1–2 Msp. Meersalz im Mörser grob zerstoßen. Wer es scharf mag, gibt eine winzige Prise Cayennepfeffer dazu.*

Knusper-Gemüse

Wer es obendrauf gern crunchy mag, sollte es einmal mit Gemüsechips probieren. Nicht mit denen aus der Tüte. Sondern frisch frittiert. Am eigenen Herd.

Die folgende Zubereitungsart eignet sich gut für Schalotten, Topinambur, Grünkohl, Rote Bete und Möhren. Topinambur und
Schalotten dazu vorher schälen und in dünne Scheiben beziehungsweise feine Ringe schneiden. Kohlblätter waschen, gut trocken tupfen und in mundgerechte Stückchen zupfen.

Frittierte Gemüsechips

● In einem kleinen Topf zwei Finger hoch Erdnussöl so stark erhitzen, bis an einem Kochlöffelstiel, den man ins Öl hält, sofort viele Bläschen aufsteigen. Das fein geschnittene Ge-
müse mit der Schaumkelle ins Öl geben und
goldbraun frittieren. Je nachdem, wie
feucht oder kalt das Gemüse ist, kann
das zwischen 1 und 5 Minuten dau-
ern. Also immer daneben stehen bleiben. Ist der richtige Garpunkt erreicht,
werden die Chips recht schnell dunkel und
schmecken dann bitter.

● Die Chips mit der Schaumkelle wieder
herausheben und nebeneinander auf einer
dicke Lage Küchenrolle abtropfen lassen.

Gemüsechips aus dem Ofen

● Wenn man mehr Gemüsechips braucht, kann man das Gemüse auch im Ofen knuspern. Es wird dafür zunächst ebenfalls geputzt, getrocknet und fein geschnitten. Dann mischt man es in einer Schüssel mit etwas Öl (pro Backblech etwa 1–2 TL). Dazu kommen noch eine Prise Salz und nach Belieben fein gehackte Kräuter (oder gleich das Kräutersalz von Seite 156) sowie Gewürze wie Paprikapulver, (Cayenne-)Pfeffer oder – für Wagemutige – Zimt, Piment und Nelke. Alles mit den Händen gut durchmischen (auch hierzu haben sich Einweghandschuhe bewährt) und auf einem mit Backpapier ausgelegten Blech verteilen. Das Gemüse sollte sich nicht überlappen. Jetzt geht es für ungefähr 50 Minuten in den 140 Grad heißen Ofen. Zwischendurch die Ofentür öffnen, damit der Dampf entweichen kann.

● Sind die Gemüsescheiben sehr dünn, sind sie auch schneller fertig. Man sollte dann aber aufpassen, damit sie nicht verbrennen.

● Nachdem sie auf einem Kuchengitter völlig abkühlen konnten, halten die Chips in einem luftdichten Gefäß etwa drei Tage.

Halbgetrocknete Cherry-Tomaten

● Die Tomaten waschen, abtrocknen, halbieren und mit der Schnittfläche nach oben auf ein mit Backpapier ausgelegtes Backblech verteilen. Nach Geschmack mit Thymianblättchen oder gehackten Rosmarinnadeln, Meersalz und Pfeffer bestreuen und mit etwas Olivenöl beträufeln. Bei 120 Grad (Ober-/Unterhitze) etwa 2–3 Stunden mehr trocknen als garen. Zwischendurch die Ofentür immer wieder mal öffnen, damit der Dampf entweichen kann. Luftdicht verschlossen, halten sie ein paar Tage im Kühlschrank.

Essbare Blüten

Grün hin oder her, manchmal hat man einfach Lust auf mehr Farbe. Essbare Blüten setzen dann schöne Akzente. Diese hier sind weder zu süß noch zu bitter. Man findet sie mit etwas Glück auf dem Markt oder kann sie leicht im eigenen Balkonkasten beziehungsweise Gemüsebeet ernten. Oder auf der Wiese.

Blüten fürs Topping

Bärlauchblüte: schneeweiß; zartes Knoblaucharoma. Die hübschen Sternchen können im Ganzen aufgestreut werden.

Borretschblüte: himmelblau; frische Gurkennote.

Gänseblümchen: weiß und gelb, manchmal mit purpurnen Spitzen; leicht nussig; im Ganzen aufstreuen – als Knospe oder voll erblüht.

Kapuzinerkresse-Blüte: je nach Sorte hellgelb bis leuchtend orange und dunkelrot; pfeffrig-scharf.

Oreganoblüte: violett; zarteres Oreganoaroma; als »Blütensträußchen« oder einzelne Blüten und Blütenblätter.

Ringelblume: gelb bis orange, leicht salziges Möhrenaroma; abgezupfte Blütenblätter aufstreuen.

Schnittlauchblüte: zart violett; geschmacklich wie Schnittlauch, aber weniger stark. Als Topping wird der ganze kugelförmige Blütenstand verwendet.

Strauchbasilikum-Blüte: violett; mildes Basilikumaroma; je nach Größe die ganze Blütenähre oder einzelne Blüten aufstreuen.

Thymianblüte: violett bis purpur; wie Thymian, nur schwächer. Auch hier kann man die ganze Ähre oder nur einzelne Blüten verwenden.

Sprossen

Die Sprosse ist derjenige Teil einer Pflanze, der unter den richtigen Bedingungen einmal zum oberirdischen Teil heranwächst. Sie schmeckt ähnlich wie ihre großen Verwandten, nur viel zarter.

So klein sie sind: Die Konzentration an Vitalstoffen ist in den heranwachsenden Pflänzchen so hoch wie sonst nie. Sie sind daher besonders reich an Betacarotin, B-Vitaminen, Vitamin C, E und K sowie an Kalzium, Kalium, Magnesium, Eisen und Phosphor. Und an lebenswichtigen Aminosäuren.

Gemüse komplett ersetzen können Sprossen trotz des hohen Vitalstoffgehalts nicht. Dazu müsste man schon immense Mengen essen. Eine gesunde Ergänzung sind sie aber schon. Vorausgesetzt, sie kommen erst ganz am Schluss dazu. Am besten einfach als Topping. Dann bleiben die gesunden Inhaltsstoffe erhalten.

Vorsicht

Sprossen mögen es warm und feucht. Leider lieben auch Bakterien und Schimmelpilze genau dieses Milieu. Und vermehren sich, wenn man nicht aufpasst, in Windeseile. Daher muss beim Keimen alles ganz sauber zugehen. Außerdem ist es ratsam, die Sprossen vor dem Verzehr noch einmal sehr gründlich abzuspülen.

Langes Lagern tut den Sprossen auch nicht gut. Frisch geerntet kann man sie mit einem feuchten Tuch bedeckt zwar ein paar Tage im Kühlschrank aufheben. Besser aber ist es, immer nur kleine Mengen zu ziehen, diese sofort zu verbrauchen und fürs nächste Mal einfach neue Sprossen vorzubereiten.

Sprossen ziehen – so geht's

Natürlich kann man einfach Sprossen im Bioladen oder Supermarkt kaufen. Man kann sie aber auch selbst ziehen. Das ist ganz einfach. Und viel preiswerter. Zunächst einmal müssen die Samen in einer Tasse mit Wasser vorquellen. Das dauert bei Winzlingen wie Kresse oder Alfalfa nur wenige Stunden. Andere lässt man über Nacht im Wasserbad liegen (Packungsanweisung auf dem Samentütchen beachten).

Die vorgequollenen Samen werden dann in einem feinen Sieb gründlich mit klarem Wasser durchgespült und dürfen erst einmal abtropfen. Dann füllt man sie in ein spezielles Sprossenglas, eine Art Marmeladenglas mit Siebdeckel aus Edelstahl oder Kunststoff. Man kann aber auch ein normales Marmeladenglas nehmen, ein Stück Mull über die Öffnung legen und dieses mit einem Einmachgummi festspannen. Auf keinen Fall sollte man zu viele Samen einfüllen, weil sie viel Platz brauchen. 2 EL pro Glas sind genug.

Nach 24 Stunden an einem dunklen Platz kommt das Glas dann ans Licht. Aber ohne direkte Sonneneinstrahlung und nicht auf die Heizung. Dort ist es zu warm.

Pflanzen brauchen Wasser, um zu wachsen. Fürs Gießen sind die Sprossen aber noch viel zu klein. Daher spült man sie zweimal täglich mit frischem, lauwarmem Wasser durch. Anschließend stellt man das Glas leicht schräg, damit überschüssiges Wasser durch das Sieb oder den Mull abtropfen kann. Am besten lässt man das Glas einfach so stehen, dann kann sich am Boden keine Flüssigkeit sammeln.

Schon nach wenigen Tagen sind die Sprossen reif für die Ernte. Bei manchen Sorten dauert es gerade einmal drei Tage, zum Beispiel bei Kresse oder Bockshornklee. Andere wie Rettich oder Alfalfa lassen sich mehr Zeit. Hier kann auch mal eine Woche vergehen. Die genaue Keimdauer steht auf dem Samentütchen, oder im Internet.

Verzeichnis der Rezepte

Sachregister

Unsere Leseempfehlung

Sylvie Hinderberger

VEGAN ABNEHMEN

Mit 60 Blitzrezepten

GOLDMANN

192 Seiten
Auch als E-Book erhältlich

Kein verbissenes Kalorienzählen, sondern lustvolles Abnehmen mit Genuss. Das verspricht uns die vegane Küche. Dabei ist vegane Ernährung per se noch keine Diät, jedoch der Grundstein für ein ganzheitlich gesundes Bewusstsein in Balance mit sich selbst und der Umwelt. Mit den richtigen Tipps der Food-Autorin Sylvie Hinderberger purzeln die Pfunde dann fast von allein. Ziel ist dabei nicht das kurzfristige Glücksgefühl auf der Waage, gefolgt von dem berüchtigten Jo-Jo-Effekt, sondern eine langfristige Ernährungsumstellung, ganz ohne Eiweiß- und Mineralstoffmangel.

Unsere Leseempfehlung

320 Seiten
Auch als E-Book erhältlich

Die Frage nach einer veganen Lebensweise durchdringt alle Bereiche: Kleidung, Kosmetik, Medikamente, Putzmittel, Haustierhaltung und viele mehr. Sarah Schocke bietet fundiertes Hintergrundwissen, einfache Basis-Rezepte und zeigt uns die Tücken des veganen Alltags.

Ein praktischer Leitfaden durch den veganen Alltagsdschungel. Liebevoll gestaltet und mit zahlreichen köstlichen Rezepten.